Informationstechnik
und
Datenverarbeitung

J. Kwiatkowski   B. Arndt

BASIC

Eine Einführung in 10 Lektionen
mit zahlreichen Programmbeispielen,
95 Übungsaufgaben und deren
vollständigen Lösungen

Zweite, korrigierte Auflage

Springer-Verlag Berlin Heidelberg GmbH 1984

Dr. Josef Kwiatkowski

UHDE GmbH, Deggingstraße 11, 4600 Dortmund
und
Unser Fritz Straße 78, 4690 Herne 2

Beate Arndt

Syburger Straße 80, 4600 Dortmund 30

Mit 25 Abbildungen

ISBN 978-3-540-13428-2   ISBN 978-3-642-85722-5 (eBook)
DOI 10.1007/978-3-642-85722-5

CIP-Kurztitelaufnahme der Deutschen Bibliothek

Kwiatkowski, Josef: BASIC: e. Einf. in 10 Lektionen mit zahlr. Programm-
beispielen, 95 Übungsaufgaben u. deren vollst. Lösungen / J. Kwiatkowski;
B. Arndt. – 2., korrigierte Aufl. – Berlin; Heidelberg; New York: Springer, 1983.
(Informationstechnik und Datenverarbeitung)

NE: Arndt, Beate:

Satz: Daten- und Lichtsatz-Service, Würzburg
2145/3140-543210

Vorwort zur zweiten Auflage

In den Anfängen der Datenverarbeitung war der Computer eine Domäne der Spezialisten, die allein und unangetastet das Feld beherrschten. Heute hat sich das Bild jedoch völlig gewandelt. Die Tendenzwende begann Ende der 50er Jahre mit dem Aufkommen der ersten sogenannten „problemorientierten Programmiersprachen". Diese leicht erlernbaren Programmiersprachen ermöglichten dem Computeranwender, eine „Arbeitsvorschrift" für den Computer zur Lösung seines Problems zu formulieren, ohne daß er tiefe Detailkenntnisse über Aufbau und Funktionsweise von Rechenanlagen besitzen mußte. Bislang konnten Computer nämlich nur in einer schwer erlernbaren Sprache, der Maschinensprache, programmiert werden.

Obwohl der Computer damit einem größeren Anwenderkreis zugänglich wurde, stand seiner weiten Verbreitung immer noch sein hoher Preis entgegen. Es mußten noch gut 20 Jahre vergehen, bis die Computerhersteller einen „Volkscomputer" anboten. Dieser und seine weniger spektakulär benannten Vorgänger, die Hobby-, Heim- oder Personalcomputer, sind erst durch die Revolution möglich geworden, die sich auf der Seite der technischen Weiterentwicklung vollzogen hat. Mit dem „Volkscomputer" wurde das Angebot der Hersteller nach unten hin abgerundet, so daß jetzt die Palette vom Hobby-Computer für den Privatmann zum Preis von ca. 1000 DM über die Rechner der mittleren Datentechnik (MDT) für Mittelbetriebe zum Preis von ca. 100 000 DM bis hin zur Großrechenanlage reicht, deren Kaufpreis eine Höhe von mehreren Millionen DM erreichen kann.

Für die ständig steigende Zahl derjenigen, die den Computer als Werkzeug zur Lösung ihrer Probleme einsetzen, ergibt sich der Wunsch, dieses Werkzeug optimal anzuwenden. Damit sollte sowohl der professionelle Anwender angesprochen werden als auch der Privatmann, der seinen Computer als anspruchsvolles Hobby betreibt. Es hat sich gezeigt, daß man am besten durch praktischen Umgang mit der EDV vertraut wird. Dazu sollte man mit der Programmierung von Rechenanlagen in einer Sprache beginnen, die leicht und schnell erlernbar ist. Eine solche Programmiersprache ist BASIC. Ein weiterer Vorzug von BASIC liegt darin, daß fast alle auf dem Markt angebotenen Kleinrechner in BASIC programmiert werden können.

Das Ziel des vorliegenden Buches ist es, die Programmiersprache BASIC einem Leser ohne Vorkenntnisse in besonders einfacher und verständlicher Form darzulegen. Der Stoff wird in abgeschlossenen Lektionen behandelt, die in Lernziel, Darstellung des Lerninhalts, Zusammenfassung und Übungsaufgaben gegliedert sind. So kann sich auch der bereits mit EDV vertraute Leser schnell einen Überblick verschaffen und gezielt seine Wissenslücken auffüllen. Die Untergliederung gestattet aber auch eine effiziente Wiederholung des Stoffes. Bei der Behandlung der BASIC-Befehle haben wir uns bemüht, besonders ihren Sinn und ihre Anwendungsmöglichkeiten zu verdeutlichen. Dadurch werden dem Leser nicht nur Fakten vermittelt, die erfahrungsgemäß schnell wieder vergessen werden, sondern er bekommt nach und nach ein Gefühl dafür, wie eine Problemlösung mit Hilfe der EDV richtig angefaßt werden muß. Der Schwierigkeitsgrad der Programmbeispiele ist bewußt recht unterschiedlich gewählt, um dem Leser je nach Vorbildung und Lernfortschritt eine genügend große Auswahl anzubieten. Am Ende eines jeden Kapitels wird ihm zudem noch die Möglichkeit gegeben, sein Wissen anhand von Aufgaben zu überprüfen. Diese enthalten sowohl Problemstellungen aus dem kommerziellen als auch aus dem mathematisch-technischen Bereich. Dabei werden die mathematischen Anforderungen so gering wie möglich gehalten, um dem Leser die Möglichkeit zu geben, sich auf das eigentliche Problem des Programmierens zu konzentrieren. Die mathematischen Grundkenntnisse werden – wo nötig – aufgefrischt, da fehlende Kenntnisse auf diesem Gebiet sehr oft Hemmungen aufbauen, Problemlösungen per Computer anzugehen.

Bei konsequentem Durcharbeiten des Buches sollte es dem Leser möglich sein, sich je nach Vorbildung und gewünschter Eindringtiefe in die Materie in 1 bis 5 Tagen mit BASIC vertraut zu machen. Erleichtert wird dies nicht zuletzt durch eine umfangreiche Aufgabensammlung mit Lösungen, zahlreiche Programmbeispiele, eine Zusammenstellung der gebräuchlichen BASIC-Befehle und ein Wörterbuch für EDV-Fachausdrücke im Anhang.

Das vorliegende Buch entstand aus den Erfahrungen mit EDV-Kursen in der Erwachsenen- und Studentenfortbildung. Es wendet sich an den interessierten Schüler oder Studenten gleichermaßen wie an den Inhaber eines mittelständischen Betriebes, der die EDV zur Erleichterung seiner Arbeit einsetzen möchte oder an den Hobbyisten, der sich im Umgang mit seinem „Spielzeug" vervollkommnen möchte. Das Buch ist für das Selbststudium konzipiert und wendet sich insbesondere an Leser ohne Vorkenntnisse. In Ergänzung zu diesem Band für Anfänger, der die Grundelemente der Programmiersprache BASIC behandelt, ist ein Band für den fortgeschrittenen Programmierer in Vorbereitung. In diesem Band wird unter anderem der vollständige Sprachumfang von BASIC, der Vergleich von verschiedenen BASIC-Dialekten, BASIC im Vergleich zu anderen Programmiersprachen, Assemblerimplementierungen in BASIC, Programmierung von graphischen Darstellungen und Methoden der strukturierten Programmierung besprochen. Grundkenntnisse in BASIC oder einer anderen problemorientierten Programmiersprache werden für dieses Buch vorausgesetzt.

Der IBM Deutschland, Herrn T. Schulze und der Firma Siemens danken wir für das zur Verfügung gestellte Bildmaterial. Herrn Heiko Feltens danken wir für seine Hilfe bei der Erstellung der Lösungen für die Übungsaufgaben. Herrn Dipl.-Ing. Heinrich Wibbeke gilt unser besonderer Dank für seine kritische Durchsicht des Manuskripts und die Überprüfung des Drucksatzes auf Fehler.

Dem Springer-Verlag danken wir sehr für die gute Zusammenarbeit und die wunschgerechte Gestaltung dieses Buches.

Anregungen aus dem Leserkreis nehmen wir gern entgegen und sind stets dafür dankbar.

Wanne-Eickel, im Frühjahr 1984

Josef Kwiatkowski

Inhaltsverzeichnis

Lektion 1. Einführung

Lernziele

- *Aufbau und Funktionsweise einer Rechenanlage*
- *Hardware: Prozessor, Speicher, Ein- und Ausgabegeräte*
- *Software: Anwendersoftware, Systemsoftware*
- *Programmiersprachen: parametrische, problemorientierte, maschinenoriente und Maschinen-Sprachen*
- *Betriebssystem: Kommandosprache (Job Control Language)*

1.1 Hardware

Eine moderne Rechenanlage ist ein kompliziertes System von vielen miteinander zusammenarbeitenden Einheiten. Sie können grob untergliedert werden in die Zentraleinheit (CPU = Central Processor Unit) und die Peripherie. Mit Peripherie bezeichnet man im wesentlichen die Ein- und Ausgabe- sowie die Speichergeräte. Die Gesamtheit aller Einheiten einer Rechenanlage nennt man Konfiguration; die Standardkonfiguration besteht aus der Zentraleinheit, einem Eingabe-, einem Ausgabe- und einem Speichergerät. Die logische Verschaltung der einzelnen Einheiten einer Konfiguration ist auf mehrere Arten möglich und wird als Rechnerarchitektur bezeichnet. Über eine Schnittstelle sind zwei Einheiten miteinander verbunden und können Programmbefehle und Daten austauschen.

Die Untergliederung einer Rechenanlage in einzelne Einheiten gilt für Großrechenanlagen und Kleincomputer gleichermaßen. Die Abb. 1/1–1/3 zeigen Computersysteme unterschiedlicher Größe. Bezüglich ihrer Größe kann man die Rechenanlagen in drei Klassen einteilen: Großrechner, Minicomputer und Mikrocomputer. Diese Aufteilung hat sich heute immer mehr durchgesetzt, die Grenzen sind allerdings fließend, und innerhalb einer Gruppe lassen sich weitere Differenzierungen vornehmen. Man darf dabei auch nicht vergessen, daß eine Rechenanlage, die heute von der Leistungsfähigkeit her als „Kleinrechner" eingestuft wird, vor noch nicht allzu langer Zeit als Rechner „mittlerer Größe" bezeichnet wurde. In Abb. 1/4 ist gezeigt, wie man die Klassen der Mikro- und Minicomputer weiter differenzieren kann.

Die besprochene gerätemäßige Ausstattung eines Rechners wird unter dem Begriff Hardware zusammengefaßt.

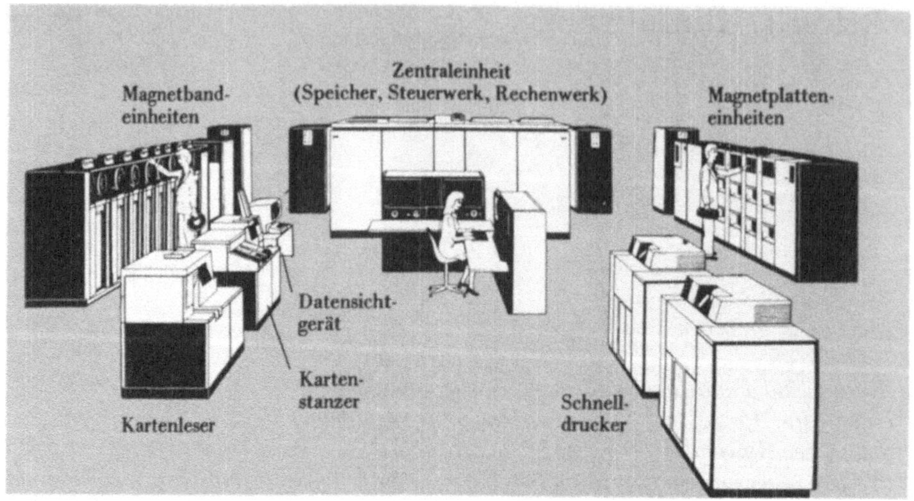

Abb. 1/1. Ansicht einer Großrechenanlage (aus: Computer was ist das? IBM Deutschland GmbH, 1975)

Abb. 1/2. Ansicht einer Rechenanlage der mittleren Datentechnik (MDT) (Quelle: Siemens)

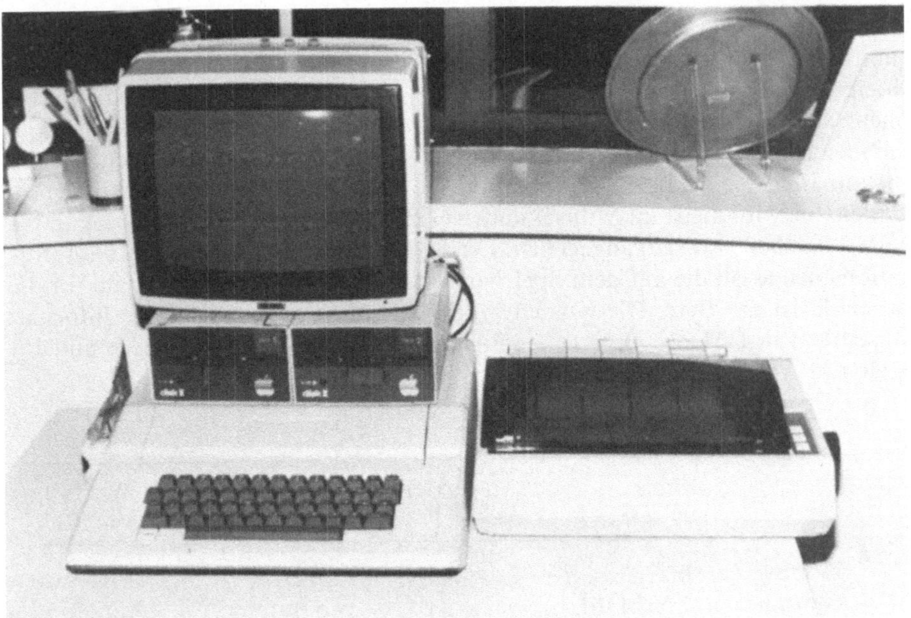

Abb. 1/3. Ein komplettes Hobbycomputersystem

1.1.1 Zentraleinheit

Die Zentraleinheit stellt das Kernstück einer Rechenanlage dar. Sie ist aufgebaut aus Rechenwerk, Leitwerk (Steuerwerk) und Hauptspeicher (Arbeitsspeicher), wobei man Rechen- und Leitwerk unter dem Begriff Prozessor zusammenfaßt. Das Rechenwerk führt die logischen und arithmetischen Operationen durch. Die Koordination aller an der Ausführung eines Programms beteiligten Operationen wird vom Leitwerk gesteuert. Der Hauptspeicher dient zur Abspeicherung des auszuführenden Programms und der dazugehörigen Daten, auf die schnell und unmittelbar zugegriffen werden muß.
In Abb. 1/5 ist eine Standardrechenanlage mit ihren Einheiten dargestellt. Die Einheiten sind untereinander durch Leitungen verbunden, die, je nachdem ob Daten oder Programmbefehle ausgetauscht werden, Daten- oder Befehls-Bus genannt werden. In der Abbildung kann der Daten- und Befehlsfluß in einer Rechenanlage verfolgt werden. Diese Darstellung stellt jedoch nur eine grobe Orientierung dar, denn eine detaillierte Beschreibung würde den Rahmen eines Programmierlehrbuches sprengen.

1.1.2 Speicher

Der Speicher einer EDV-Anlage dient zur Abspeicherung von Daten und Programmen. Der bereits erwähnte Hauptspeicher enthält nur das Programm, welches gerade ausgeführt wird und nur die Daten, auf die sehr schnell und unmittelbar von diesem Programm aus zugegriffen werden muß. Größere Datenmengen und Programme, die nur zur Ausführung bereitgehalten werden sollen, sind auf sogenannten Extern-Speichern (Peripher-Speichern) abgelegt. Ein Speicher ist charakterisiert durch Zugriffszeit, Kapazität und Kosten. Erstere gibt an, welche Zeit benötigt wird, um die Daten aus dem Speicher lesen zu können. Sie wird meist im Millisekunden (1 ms = 0.001 sec) oder Nanosekunden (1 ns = 0.000000001 sec) angegeben. Die Kapazität sagt aus, wie groß die Informationsmenge ist, die auf dem Speicher abgelegt werden kann. Maßzahl für die Kapazität ist das Byte. Die Kosten werden als Preis pro gespeicherte Informationseinheit in DM pro Byte (oder Bit) angegeben. (Die Begriffe Byte und Bit werden in Abschn. 1.3 erläutert.)

		Preis	Anwender	Anwendungen	Wartung/ Reparaur
Mikrocomputer	Hobby-computer	bis 2 000 DM	Privat-personen	„Spiel-programme", Hobby	Eigenwartung und Reparatur Service beim Händler
	Home-computer	bis 4 000 DM	vornehmlich Privat-personen	„Spielprogr.", Steuerung von elektrischen Schaltungen Haushalt, Hobby	wie Hobby-computer
	Personal-computer	bis 10 000 DM	Privat-personen kleinere Betriebe	Finanzbuchh. Datenbuchh. Lagerverw. anspruchsvolle Hobbyan-wendungen	Service beim Kunden durch Händler
Minicomputer	Büro-computer	bis 30 000 DM	mittlere Betriebe	kommerzielle Problem-lösungen	Service beim Kunden durch Hersteller
	Small Business Computer	bis 150 000 DM	Betriebe	umfangreiche komplexe kommerzielle Probleme	wie Büro-computer

Abb. 1/4. Beispiele aus der Mini- und Mikrocomputerklasse

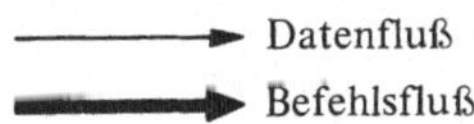

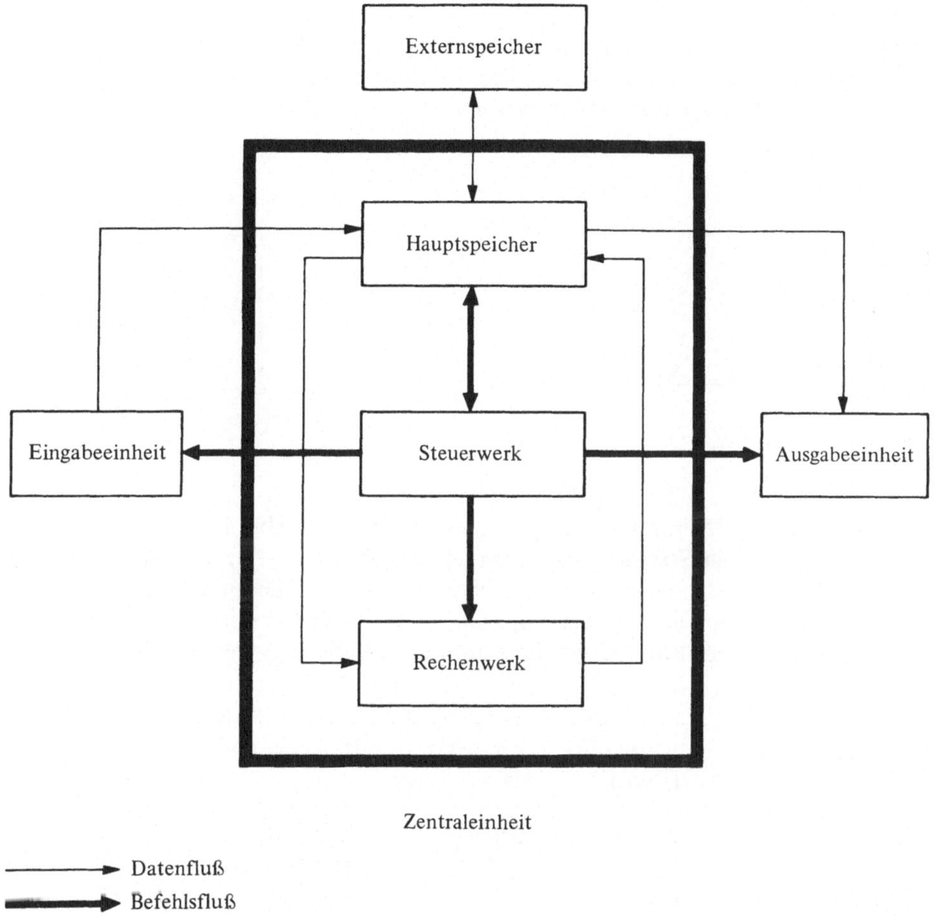

Abb. 1/5. Standard-Rechenanlage

Technologisch bedingt schließen sich kurze Zugriffszeit und große Kapazität aus Kostengründen aus. Deshalb werden für unterschiedliche Anwendungszwecke innerhalb einer Anlage verschiedene Speicher verwendet, die sich grob in folgender Speicherhierarchie darstellen lassen:

- Register
  Besonders schneller Speicher sehr kleiner Kapazität zur Speicherung von Zwischenergebnissen und einzelnen Rechenbefehlen. Die arithmetischen und logischen Operationen laufen im Rechenwerk über Register ab.
- Hauptspeicher (Arbeitsspeicher)
  Speicherung des auszuführenden Programms und Abgabe der Programmbefehle auf Anforderung des Steuerwerks an die Register des Rechenwerks

– Extern-Speicher (Peripher-Speicher)
Speicher sehr großer Kapazität zur Speicherung von Programmen und großen
Datenmengen. Die gespeicherten Programme müssen zur Ausführung erst in
den Arbeitsspeicher übertragen werden.

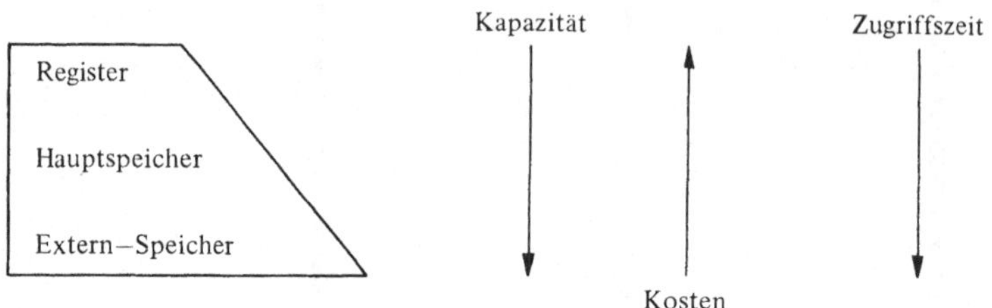

Abb. 1/6. Speicherhierarchie

In Abb. 1/6 ist die Hierarchie der Speicher dargestellt, in Abb. 1/7 sind Charakteristika verschiedener Speicher aufgeführt. Die Abb. 1/8–1/10 zeigen Ausführungen verschiedener Speicher. Auf Speichergeräte wird in Lektion 10 im Zusammenhang mit Dateien noch näher eingegangen. In dieser Lektion wird gezeigt, wie Daten organisiert und auf einem Extern-Speicher abgelegt werden können.

Speicher	Kapazität (Byte)	Zugriffszeit ca.	Bemerkungen
Magnetkern	bis 10^7	600 ns	Arbeitsspeicher
Halbleiter	bis 10^7	300 ns	Arbeitsspeicher
Magnettrommel	bis 10^7	10 ms	schneller Externspeicher
Magnetplatte	bis 10^9	100 ms	Externspeicher
Magnetband	bis 10^9	1 s–1 min	Externspeicher
Floppy Disk	bis 10^6	300 ms	preisgünstiger Externspeicher

Abb. 1/7. Übersicht über die wichtigsten Speicher

1.1.3 Ein- und Ausgabegeräte

Die Ein- und Ausgabegeräte, von denen hier nur die wichtigsten genannt werden
sollen, erlauben dem Anwender die Kommunikation mit dem Rechner. Programme und Daten werden heute meist über ein Sichtgerät eingegeben, dessen
Eingabetastatur der einer Schreibmaschine ähnelt. Die Anzeige der eingegebenen
Daten erfolgt über einen Bildschirm. Da die Ausgabe von Daten, z. B. Ergebnissen, ebenfalls über diesen Bildschirm angezeigt wird, dient ein Sichtgerät als Ein-
und Ausgabegerät gleichermaßen. Bei den preisgünstigen Hobbycomputern wird
in der Regel nur die Eingabetastatur mitgeliefert. Als Bildschirm fungiert oft nur

Abb. 1/8. Größenvergleich zwischen einem 64-Bit Halbleiterspeicher (2,5 × 2,5 mm²) und einem Magnetkernspeicher. Der Durchmesser eines Magnetkerns beträgt ungefähr 1,25 mm. Er kann 1 Bit speichern. (Quelle: IBM)

ein handelsübliches Fernsehgerät, welches zwar für den Hobbyisten brauchbare Ergebnisse liefern mag, für den professionellen oder semiprofessionellen Einsatz allerdings nur sehr bedingt tauglich ist. Bei dem Tischcomputersystem ist oft der komplette Computer in einem Gehäuse mit Bildschirm, Eingabetastatur und Floppy-Disk-Speicher integriert. Die Abb. 1/11 zeigt ein professionelles Sichtgerät für die alphanumerische (s. Abschn. 1.3) Ein- und Ausgabe. Datenausgabe auf Papier liefern Drucker. Das Spektrum der angebotenen Geräte reicht vom Drucker für einen Hobbycomputer mit einer Geschwindigkeit von 30 bis 200 Zeichen pro Sekunde bis hin zum Schnelldrucker einer Großrechenanlage mit einer Druckleistung von bis zu mehreren Seiten pro Sekunde. In Abb. 1/3 ist ein Drucker für einen Tischcomputer, in Abb. 1/12 ein Schnelldrucker einer Großrechenanlage zu sehen.

Abb. 1/9. Magnetbandspeicher (Quelle: IBM)

Abb. 1/10. Magnetplattenspeicher (Quelle: IBM)

Abb. 1/11. Datensichtgerät für alphanumerische Ein- und Ausgabe mit Eingabetastatur (Quelle: IBM)

1.2 Software

Als Software bezeichnet man die Programmausstattung eines Rechners. Unter einem Programm versteht man die zur Durchführung einer Aufgabe erforderliche vollständige Arbeitsanweisung für den Computer. Diese Arbeitsanweisung besteht aus einer Folge von Befehlen oder Anweisungen. In einer Programmiersprache werden die Befehle formuliert.
Jede Programmiersprache hat ihren eigenen Befehlsvorrat und kann durch die Semantik, d.h. durch die Bedeutung, und durch die Syntax, d.h. durch den formalen Aufbau ihrer Befehle, beschrieben werden.

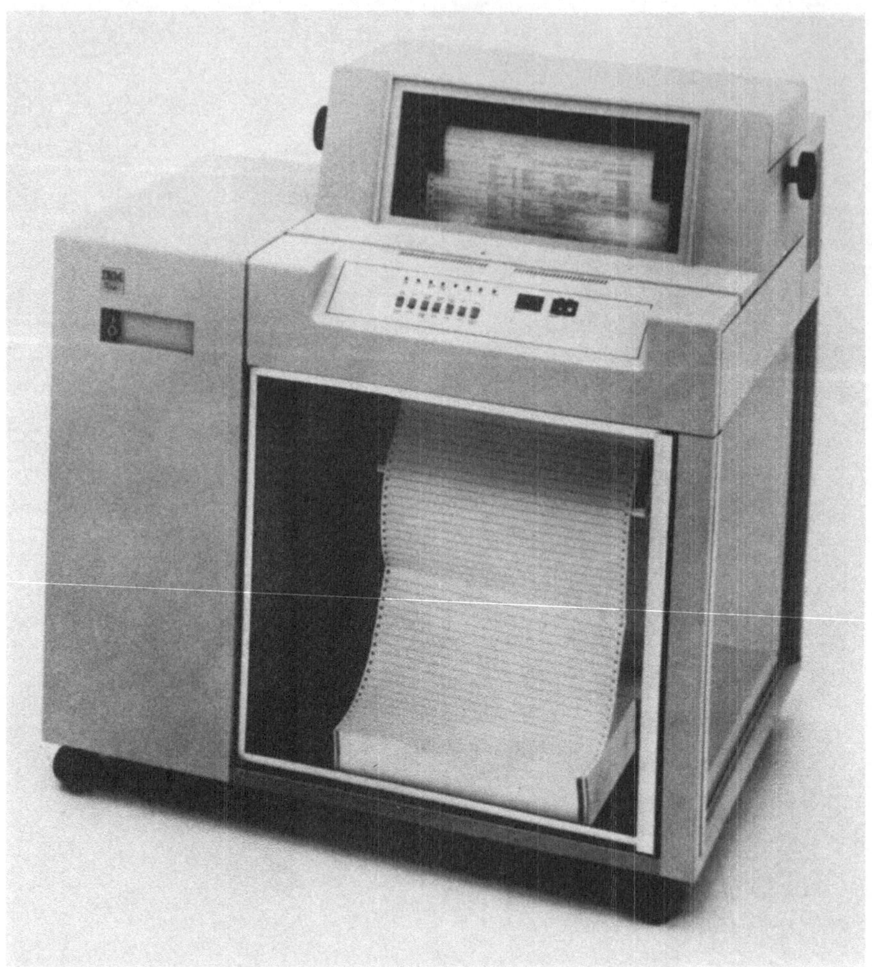

Abb. 1/12. Ansicht eines Schnelldruckers (Quelle: IBM)

1.2.1 Programmiersprachen

Die gängigen Programmiersprachen lassen sich in vier große Gruppen einteilen
und hierarchisch ordnen:

1 – Maschinensprachen
2 – Maschinenorientierte Sprachen
3 – Problemorientierte Sprachen
4 – Parametrische Sprachen

Die problemorientierten und die parametrischen Sprachen werden entsprechend
ihrer Stellung in der Hierarchie auch höhere Programmiersprachen genannt.

Die ersten Programmiersprachen waren die sogenannten Maschinensprachen, bei denen die Befehle aus einzelnen Bitfolgen aufgebaut wurden. Aus diesem Grunde ist ein Maschinenprogramm unübersichtlich, schwierig zu testen und seine Erstellung zeitaufwendig. Hinzu kommt, daß die Maschinensprachen an den jeweiligen Rechnertyp gebunden sind, so daß der Programmierer für jeden Rechnertyp die speziellen Befehle immer wieder neu erlernen muß. Die unübersichtliche Befehlsverschlüsselung durch Bitfolgen wurde später bei den maschinenorientierten Sprachen durch einen mnemonischen Befehlscode abgelöst. Die einzelnen Befehle bestanden jetzt aus einer charakteristischen Buchstabengruppe (z. B. MUL = Multiplikation). Zwar wurde die Übersichtlichkeit des Programms erheblich verbessert, nachteilig waren aber immer noch schwere Erlernbarkeit und die erheblichen Zeitaufwand erfordernde Programmerstellung.

Im Gegensatz zu den Maschinensprachen und den maschinenorientierten Sprachen sind die problemorientierten Sprachen nicht mehr an einen bestimmten Rechnertyp gebunden. Sie sind relativ leicht zu erlernen, da sich die Formulierung der Problemlösung an dem jeweiligen Problem und nicht an dem eingesetzten Rechner orientiert. Dementsprechend gibt es mehrere problemorientierte Sprachen, die jeweilig einen anderen Problemkreis abdecken. Hier einige Beispiele:

FORTRAN (FORmula TRANslator)
FORTRAN ist eine sehr leistungsfähige Sprache für den Einsatz im technisch-wissenschaftlichen Bereich. Die Sprache wurde von IBM in den USA 1954 vorgestellt und seitdem ständig weiterentwickelt. Die einzelnen Versionen sind mit römischen Ziffern gekennzeichnet. 1977 wurde FORTRAN VII mit wesentlich erweiterten Kontrollstrukturen gegenüber früheren Versionen definiert. FORTRAN hat große praktische Bedeutung und weltweite Verbreitung erfahren.

BASIC (Beginner's All purpose Symbolic Instruction Code)
Diese Sprache ist am Darthmouth College in den USA entwickelt worden. Sie ist eine weltweit verbreitete Programmiersprache, die es besonders dem Anfänger ermöglicht, sich schnell mit dem Umgang mit Computern vertraut zu machen. BASIC ist sowohl im technischen, als auch im kommerziellen Bereich einsetzbar, und eine große Bedeutung liegt darin, daß fast sämtliche Mikrocomputer in BASIC programmiert werden können. Es gibt mittlerweile eine Vielzahl von BASIC-Dialekten, die sich bezüglich ihrer Leistungsfähigkeit erheblich unterscheiden.

COBOL (COmmon Business Oriented Language)
Diese Programmiersprache ist als Gegenstück zu FORTRAN entwickelt worden. Sie eignet sich speziell für die Datenverarbeitung mit kommerzieller Aufgabenstellung. Die praktische Bedeutung von COBOL ist sehr groß.

PL/1 (Programming Language One)
PL/1 kann als Universalsprache angesehen werden. Sie vereinigt die Vorteile von COBOL und FORTRAN und ist damit für technische und kaufmännische Be-

reiche gleichermaßen geeignet. PL/1 ist eine moderne Programmiersprache, die Blockstrukturen und strukturierte Programmierung ermöglicht. Dadurch bleiben auch große Programme übersichtlich und wartungsfreundlich. Nachteilig war, daß PL/1 lange Zeit nicht standardisiert war. Inzwischen ist dieser Nachteil behoben, und PL/1 steht sogar seit einiger Zeit auch für Mikrocomputer zur Verfügung. Daneben sind die von PL/1 abgeleiteten Sprachen wie PL/M, PL/L und PL/Z als Systemsprache (s. Abschn. 1.2.2) für Mikrocomputer-Entwicklungssysteme von größerer praktischer Bedeutung.

ALGOL (ALGOrithmic Language)
ALGOL wurde 1960 publiziert und ist speziell zur Lösung mathematischer Probleme entwickelt worden, seine Bedeutung ist gering; sie liegt wohl vor allem darin, daß diese Sprache – insbesondere die Version ALGOL 68 – die Ausgangsbasis für alle modernen Sprachen wie PASCAL, PL/1 usw. bildet. Erwähnenswert ist die Blockstruktur und damit die Möglichkeit zu strukturierter Programmierung.

PASCAL (benannt nach dem Mathematiker PASCAL)
Diese moderne Programmiersprache, die immer mehr an Bedeutung gewinnt, ist nach didaktischen Gesichtspunkten von Professor Wirth entwickelt worden. PASCAL erlaubt eine logisch aufgebaute, übersichtliche Darstellung der Problemlösung, die konsequente Anwendung moderner Programmiertechniken (strukturierte Programmierung) und ist universell einsetzbar. Die wachsende Bedeutung von PASCAL wird unter anderem dadurch unterstrichen, daß viele Mikrocomputer in PASCAL programmiert werden können.

Mit einer problemorientierten Programmiersprache können drei elementare Grundstrukturen aufgebaut werden. Diese reichen prinzipiell aus, um jede Problemlösung in diesen Sprachen zu formulieren.

1 – Komposition (Reihung)
Die einzelnen Befehle eines Programms werden der Reihe nach durchlaufen. Man bezeichnet die Komposition manchmal auch als Sequenz.

2 – Alternation (Auswahl)
Abhängig vom (logischen) Wert einer Bedingung wird nur einer von zwei oder mehreren Alternativbefehlen durchgeführt. Man unterscheidet die einseitige, die zweiseitige und die Mehrfachauswahl.

3 – Iteration (Wiederholung)
Abhängig von einer Bedingung werden Befehle wiederholt durchgeführt. Man unterscheidet drei Arten von Iteration: abweisend, nicht abweisend, zyklisch.

Kennzeichnend für parametrische Sprachen ist der gegenüber problemorientierten Sprachen verringerte Sprachumfang und der sehr kleine Programmieraufwand. Sie erlauben die zur Zeit höchste Stufe der Automatisierung und Rationalisierung bei der Programmierung von Problemlösungen. Der Programmierer wird weitgehend von Routinetätigkeiten befreit. Voraussetzung für den Einsatz dieser Sprachen ist jedoch, daß die Aufgaben aus bestimmten, abgrenzbaren Gebieten stammen und eine ähnliche Logik besitzen. Parametrische Sprachen stellen praktisch eine codierte Entscheidungstabelle dar, auf die im Lehrbuch „BASIC für Fortgeschrittene" noch näher eingegangen wird.

Grundsätzlich kann von einem Computer nur der Maschinencode verarbeitet werden. Programme, die nicht in Maschinensprache geschrieben sind, müssen erst durch einen „Übersetzer" in ein Maschinenprogramm umgewandelt werden. Somit kann jeder Computer in jeder höheren Programmiersprache programmiert werden, vorausgesetzt, es steht der entsprechende Übersetzer zur Verfügung. Übersetzer werden meist vom Computerhersteller erstellt und sind sehr aufwendige Textverarbeitungsprogramme, die die einzelnen Anweisungen einer höheren Programmiersprache in Maschinensprache überführen. Die Übersetzung läuft in der Sprachenhierarchie in Stufen von der höheren Programmiersprache zur niederen ab, bis die Ebene der Maschinensprache erreicht ist. Die einzelnen Übersetzer tragen entsprechend ihrer Funktion verschiedene Namen. In Abb. 1/13 sind sie mit Namen und Funktion schematisch dargestellt.

Neben der Technik des Übersetzens von einer höheren Sprache bis hinunter zur Ebene der Maschinensprache gibt es noch die Technik des Interpretierens. Während der Übersetzer von dem vollständigen Programm ein ablauffähiges Maschinenprogramm erzeugt, interpretiert der Interpreter nacheinander die einzelnen Anweisungen eines Programms und führt sie dann direkt aus. Der Vorteil ist, daß keine Übersetzung notwendig ist, syntaktische Fehler sofort erkannt und das Programm interaktiv, d. h. im direkten Dialog mit dem Computer ausgeführt und auf Ausführungsfehler hin getestet werden kann. Nachteilig ist eine erheblich längere Laufzeit, da ja jede Programmanweisung im Gegensatz zu den direkt ausführbaren Anweisungen der Maschinensprachen erst interpretiert werden muß.

Man mag einwenden, daß die Ausführungszeit in der Summe bei der interpretativen und der compilativen Technik gleich sein muß; entschlüsselt werden müssen die Befehle einer höheren Programmiersprache in jedem Fall, ganz gleich, ob vor (compilativ) oder während (interpretativ) der Ausführung eines Programms. Das ist aber nur in soweit richtig, als das Programm ausschließlich das Grundelement der Komposition enthält. Durch die Iteration und Alternation ist es nämlich möglich, sogenannte „Schleifen" (s. Lektion 5 und 6) zu programmieren. Dabei werden die durch eine Schleife umschlossenen Anweisungen wiederholt durchgeführt. In diesem Fall hat die interpretative Technik einen erheblichen Nachteil gegenüber der compilativen Technik. Der Befehl muß vor jeder Ausführung immer wieder neu interpretiert werden, so daß die Ausführungszeit von Programmen mehr als das 10fache der Ausführungszeit betragen kann, die mit der compilativen Technik erreicht würde.

Die historisch ersten BASIC-Versionen gestatteten die Programmausführung nur in der interpretativen Technik. Heute ist sie zwar für BASIC immer noch üblich, es werden aber schon zunehmend BASIC-Compiler eingesetzt, um kürzere Ausführungszeiten zu erreichen. Aber auch der umgekehrte Weg wird gegangen. Für die klassische Compiler-Sprache FORTRAN stehen mittlerweile Interpreter zur Verfügung, die vornehmlich eingesetzt werden, um Programme zu testen. Während der Testphase ergeben sich nämlich dauernd Änderungen durch notwendige Korrekturen. Hier ist die interpretative Technik der compilativen vorzuziehen, da die aufwendige Übersetzung in Maschinensprache vor jedem Testlauf entfällt.

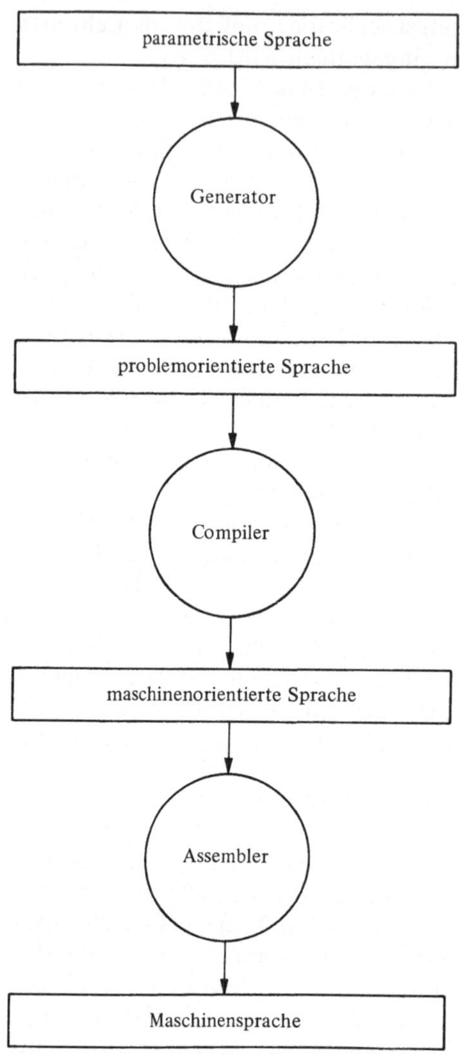

Abb. 1/13. Übersetzer und ihre Funktion

1.2.2 Betriebssystem

Wie bereits erwähnt versteht man unter Hardware die Gesamtheit aller technischen Einrichtungen eines Datenverarbeitungssystems. Eingeschlossen sind die Funktionen, die unabhängig von den Programmen ablaufen und fest verschaltet sind. Die Software ist die Gesamtheit aller für die Anlage zur Verfügung stehenden Programme. Sie läßt sich unterteilen in System- und Anwendersoftware.
Die Anwendersoftware umfaßt die Programme, die der Benutzer einer EDV-Anlage zur Lösung seiner Probleme benötigt (z. B. Lohnabrechnungen, Statistikprogramme, Lagerhaltungsprogramme, Betriebsabrechnung, Finanzbuchhal-

tung, Programme für technische Berechnungen etc.). Diese Programme werden meist in einer höheren Programmiersprache geschrieben.

Zur Systemsoftware gehört das Betriebssystem. Es besteht aus einer großen Anzahl von komplexen Arbeits- und Steuerprogrammen, die den Betrieb der Rechenanlage ermöglichen. So gehören beispielsweise die erwähnten Übersetzer zu den Arbeitsprogrammen. Der Aufruf der Programme des Betriebssystems erfolgt durch Kommandos, die Bestandteil der Kommandosprache (Job Control Language = JCL) sind. Bei größeren Rechenanlagen ist die Kommandosprache sehr umfangreich, da mit ihr komplexe Funktionen des Betriebssystems gesteuert werden müssen. Deshalb kann das Erlernen einer Kommandosprache größere Anforderungen stellen als das Erlernen einer problemorientierten Sprache wie beispielsweise BASIC. Im Gegensatz zu den problemorientierten Sprachen, die genormt und unabhängig vom verwendeten Rechnertyp sind, ist die Kommandosprache stark vom verwendeten Computersystem abhängig. Obwohl jeder Computerhersteller sein eigenes Vokabular für die Kommandosprache verwendet, sind aber doch diese Sprachen in Aufbau und Funktion ähnlich. Es soll hier kurz stellvertretend für alle auf dem Markt angebotenen Systeme das Betriebssystem CP/M besprochen werden. Dies wird ausschließlich für Mikrocomputer eingesetzt und hat eine gewisse Verbreitung erfahren. Auf die Besprechung der komplexen Betriebssysteme für Großrechenanlagen soll hier verzichtet werden.

1.2.3 Das Betriebssystem CP/M

Das Betriebssystem CP/M (Control Program for Microcomputer) ist ein in Amerika entwickeltes Betriebssystem, welches sich für Mikrocomputer immer mehr durchsetzt. Dieser Erfolg ist verständlich, wenn man bedenkt, daß Programme, die unter CP/M entwickelt wurden, auf jeden Rechner übertragen werden können, der dieses Betriebssystem nutzt. Es gibt dann keine herstellerspezifischen Besonderheiten, die Adaptionen notwendig machen. Der Nachteil von CP/M ist, daß es nur auf Prozessoren eines bestimmten Herstellers läuft.

CP/M enthält eine Reihe von Hilfsprogrammen (Utility-Programme), die im wesentlichen folgende Möglichkeiten bieten:

- Übersetzung von Programmen
- Ausführung von Programmen (compilative und interpretative Technik)
- Abspeichern von Programmen und Daten auf Externspeicher

CP/M gliedert sich in vier Komponenten:

1 – BIOS (BASIC-I/O-System)
2 – BDOS (BASIC Disk Operating System)
3 – CCP   (Console Command Processor)
4 – TPA   (Transient Program Area)

BIOS erlaubt grundsätzliche Operationen, die nötig werden, um den Datenfluß zwischen der Zentraleinheit und den Peripherie-Geräten (Disketten-Speicher, Drucker usw.) zu ermöglichen. Es stellt damit eine Schnittstelle zwischen der

Zentraleinheit und der Peripherie dar und regelt die Ein- und Ausgabe (I/O = Input/Output) zwischen diesen beiden Einheiten. BIOS kann vom Anwender auf seine Wünsche zugeschnitten werden und ist hardware-unabhängig.

BDOS übernimmt die Verwaltung der Floppy-Disk-(Disketten) Speicher. Insgesamt können maximal vier Diskettenlaufwerke verwaltet werden. Logisch zusammengehörige Daten werden als File bezeichnet (Näheres s. Lektion 10). Unter einem File können somit beispielsweise die Daten einer Meßreihe, aber auch die zu einem Programm gehörenden Anweisungen zusammengefaßt werden. Solch ein Datensatz bzw. ein Programm wird mit einem Filenamen belegt, der zu seiner Kennung und Identifizierung dient. Der Name ist unter Einhaltung gewisser Regeln frei wählbar. Ein Programm bzw. ein Datensatz kann unter seinem Filenamen auf einer Diskette abgespeichert werden. Die Verwaltung der auf einem Diskettenspeicher abgelegten Files wird von BDOS durchgeführt. Dazu legt BDOS ein Inhaltsverzeichnis (directory) an, welches den Filenamen und die Stelle enthält, an der der File auf der Diskette abgespeichert ist. Bis zu 64 Files können auf einer Diskette abgelegt werden. Die genaue Funktionsweise von BDOS ist recht kompliziert und nähere Erläuterungen an dieser Stelle würden den Zweck dieses Buches verfehlen.

Die Kommandos eines Betriebssystems können direkt über die Eingabetastatur eingetippt werden. Diese Kommandos müssen erst entschlüsselt werden, bevor die Hilfsprogramme aktiviert werden, die ihre Ausführung veranlassen. Diese Decodierung und die Aktivierung der Utility-Programme werden vom CCP durchgeführt. Der CCP verfügt im wesentlichen über fünf Befehle, die folgende Möglichkeiten bieten:

- ERA   (erase) löscht einen File auf dem Diskettenspeicher
- DIR   (directory) druckt das Inhaltsverzeichnis der Diskette aus, das über die Namen der abgespeicherten Files, deren Größe und den noch zur Verfügung stehenden Speicherplatz informiert.
- REN   (rename) gestattet die Umbenennung eines auf der Diskette abgespeicherten Files
- SAVE   speichert im Hauptspeicher befindliche Daten oder Programme auf dem Diskettenspeicher ab
- TYPE   druckt einen File aus

Mit diesen wichtigsten CP/M-Befehlen lassen sich die Verwaltung und das Management des Rechners leicht handhaben.

Die letzte Komponente des CP/M ist die TPA. Wie schon erwähnt, besteht das CP/M aus einer Vielzahl von Programmen. Die häufig gebrauchten Programme befinden sich dauernd im Hauptspeicher (residente Programme), so daß sie bei ihrer Ausführung nicht erst von einem externen Speicher in den Hauptspeicher geladen werden müssen. Dadurch geht aber auch ein Teil des Hauptspeichers für die freie Verfügbarkeit verloren. Der Teil des Hauptspeichers, der durch die residenten Programme des Betriebssystems dauernd belegt ist, kann bis zu 40% der gesamten Hauptspeicherkapazität betragen. Um den frei verfügbaren Platz durch residente Programme nicht mehr als nötig einzuschränken, werden die weniger häufig benötigten Programme des Betriebssystems auf einem Extern-Speicher gehalten und nur bei Bedarf zur Ausführung in den Hauptspeicher geladen (transiente Programme). Der Teil des Hauptspeichers, der für diese transienten Programme reserviert wird, nennt man Transient Program Area (TPA).

1.3 Zahlensysteme und Zeichendarstellung

Der Arbeitsspeicher einer Rechenanlage enthält die Informationen in verschlüsselter Form. Die Codierung wird durch den elektronischen Aufbau des Speichers und der Rechenanlage bedingt.
Jede elektronische Schaltung, die zwei diskrete Zustände annehmen kann (z. B. Schalter offen/geschlossen, Lampe an/aus, Flip Flop, . . .), kann eine Information speichern, die der kleinsten darstellbaren Informationsmenge entspricht. Diese kleinste, darstellbare Informationsmenge wird als 1 Bit bezeichnet: 8 Bit ergeben 1 Byte, 2 Byte 1 Wort.

$$8 \text{ Bit} \qquad = 1 \text{ Byte}$$
$$2 \text{ Byte} \qquad = 1 \text{ Wort}$$
$$2^{10} \text{ Bit} \quad = 1024 \text{ Bit} \quad = 1 \text{ KBit}$$
$$2^{10} \text{ Byte} = 1024 \text{ Byte} = 1 \text{ KByte} = 1 \text{ KB}$$

Die Bezeichnung „Wort" ist im Gegensatz zu Bit und Byte jedoch nicht standardisiert. So fassen besonders Hersteller von Großrechenanlagen 4 Byte oft zu einem Wort zusammen. 16 Bit ergeben dann 1 „Halbwort".
Die Kapazität eines Speichers wird in Bit angegeben, wobei meistens aus praktischen Gründen die Angabe in KByte erfolgt. Die Kapazität der Arbeitsspeicher für Mikrocomputer liegt in der Größenordnung von 64 KB, die der Großrechenanlagen bis zu mehreren 1000 KB (1000 KB = 1 Mega Byte = 1 MB). Abb. 1/7 zeigt die Kapazität verschiedener Speicher.
Die Darstellung einer Zahl wird folgendermaßen durchgeführt: Die Schreibweise der Zahl 453 ist eigentlich eine Kurzform für

$$4 \cdot 100 + 5 \cdot 10 + 3 \cdot 1$$

Eine weitere Umformung ergibt:

$$4 \cdot 10^2 + 5 \cdot 10^1 + 3 \cdot 10^0$$

Bei der Kurzschreibweise 453 werden die Potenzen zur Basis 10 weggelassen und durch die Stellung der einzelnen Ziffern innerhalb der jeweiligen Zahl ausgedrückt. Jede Ziffer innerhalb einer Zahl muß also erst mit ihrem jeweiligen Stellenwert multipliziert werden, um den Zahlenwert zu erhalten.
Das uns vertraute Zahlensystem zur Basis 10 ist zur Darstellung einer Zahl in einer elektronischen Rechenanlage denkbar ungeeignet, denn ein Zahlensystem zur Basis n besitzt genau n verschiedene Ziffern (das 10er System die Ziffern 0, 1, 2, 3, 5, 6, 7, 8, 9). Durch 1 Bit können aber nur zwei diskrete Zustände dargestellt werden – entsprechend zwei Ziffern, während das 10er System die

Darstellung von zehn diskreten Zuständen für die zehn Ziffern erfordern würde. Ein Zahlensystem, welches die Zahl 2 zur Basis hat, kennt dagegen nur zwei verschiedene Ziffern, nämlich 0 und 1. Das ist der Grund, weshalb in den Rechenanlagen das Dualsystem (Zahlensystem zur Basis 2) und nicht das Dezimalsystem zur Zahlendarstellung verwendet wird. Aus praktischen Gründen faßt man jedoch drei oder vier Dualstellen zusammen und kommt so zum Oktalsystem (Basis $8 = 2^3$) und zum Hexadezimalsystem (Basis $16 = 2^4$).
Bei der Umwandlung von Zahlen in die verschiedenen Systeme soll bedacht werden, daß die Zahlendarstellung für alle Systeme nach dem gleichen Schema erfolgt:

a) Der Stellenwert der einzelnen Ziffern ergibt sich aus den aufsteigenden Potenzen, deren Basis der Basis des Zahlensystems entspricht.
b) Die Anzahl der möglichen Ziffern ist identisch mit dem Wert der Basis für das Zahlensystem.

Um Mißverständnisse zu vermeiden, wird das verwendete Zahlensystem immer unten rechts an die Zahl geschrieben. Beim Dezimalsystem wird die Angabe meist weggelassen.
Das Dualsystem (Basis 2) kennt die Ziffern 0 und 1.
Beispiel für die Umwandlung einer Dual- in eine Dezimalzahl:

$$
\begin{aligned}
1100101_2 &= 1 \cdot 2^6 + 1 \cdot 2^5 + 0 \cdot 2^4 + 0 \cdot 2^3 + 1 \cdot 2^2 + 0 \cdot 2^1 + 1 \cdot 2^0 \\
&= 1 \cdot 64 + 1 \cdot 32 + 0 \cdot 16 + 0 \cdot 8 \ + 1 \cdot 4 \ + 0 \cdot 2 \ + 1 \cdot 0 \\
&= 64 \quad + 32 \quad + 4 \quad + 1 \\
&= 101_{10}
\end{aligned}
$$

Zum Oktalsystem kommt man, indem man drei Dualstellen zusammenfaßt. Es kennt die Ziffern 0, 1, 2, 3, 4, 5, 6, 7.
Beispiel für die Umwandlung einer Oktal- in eine Dezimalzahl:

$$
\begin{aligned}
4027_8 &= 4 \cdot 8^3 \ + 0 \cdot 8^2 + 2 \cdot 8^1 + 7 \cdot 8^0 \\
&= 4 \cdot 512 + 0 \cdot 64 + 2 \cdot 8 \ + 7 \cdot 1 \\
&= 2048 \quad + 16 \quad + 7 \\
&= 2071_{10}
\end{aligned}
$$

Beispiel für die Umwandlung einer Oktal- in eine Dualzahl:

$$
\begin{aligned}
125_8 &= 1 \cdot 8^2 + 2 \cdot 8^1 + 5 \cdot 8^0 \\
&= 1 \cdot 2^6 + 0 \cdot 2^5 + 1 \cdot 2^4 + 0 \cdot 2^3 + 1 \cdot 2^2 + 0 \cdot 2^1 + 1 \cdot 2^0 \\
&= 1010101_2
\end{aligned}
$$

Zur Probe:

$$
\begin{aligned}
125_8 &= 1 \cdot 8^2 + 2 \cdot 8^1 + 5 \cdot 8^0 \\
&= 1 \cdot 64 + 2 \cdot 8 \ + 5 \cdot 1 \\
&= 85_{10}
\end{aligned}
$$

$$1010101_2 = 1 \cdot 2^6 + 0 \cdot 2^5 + 1 \cdot 2^4 + 0 \cdot 2^3 + 1 \cdot 2^2 + 0 \cdot 2^1 + 1 \cdot 2^0$$
$$= 1 \cdot 64 + 0 \cdot 32 + 1 \cdot 16 + 0 \cdot 8 + 1 \cdot 4 + 0 \cdot 2 + 1 \cdot 1$$
$$= 85_{10}$$

Das Dezimalsystem (Basis 10) kennt die Ziffern 0, 1, 2, 3, 4, 5, 6, 7, 8, 9. Beispiel für die Umwandlung einer Dezimalzahl in eine Oktalzahl:

$$1496_{10} = 1024 + 448 + 24 + 0$$
$$= 2 \cdot 512 + 7 \cdot 64 + 3 \cdot 8 + 0 \cdot 1$$
$$= 2 \cdot 8^3 + 7 \cdot 8^2 + 3 \cdot 8^1 + 0 \cdot 8^0$$
$$= 2730_8$$

Das Hexadezimalsystem (Basis 16) faßt 4 Dualstellen zu einer Stelle zusammen. Es kennt die Ziffern 0, 1, 2, 3, 4, 5, 6, 7, 8, 9, A, B, C, D, E, F. Die Besonderheit des Hexadezimalsystems liegt darin, daß die 16 verschiedenen Ziffern nicht mehr allein durch die bekannten Ziffern dargestellt werden können. Da eine Ziffer immer „einstellig" sein muß, werden die Buchstaben A, B, C, D, E, F herangezogen, um die Ziffern 10 bis 15 darzustellen.
Beispiel für die Umwandlung einer Hexadezimalzahl in eine Dezimalzahl:

$$4B2F_{16} = 4 \cdot 16^3 + B \cdot 16^2 + 2 \cdot 16^1 + F \cdot 16^0$$
$$= 4 \cdot 16^3 + 11 \cdot 16^2 + 2 \cdot 16^1 + 15 \cdot 16^0$$
$$= 4 \cdot 4096 + 11 \cdot 256 + 2 \cdot 16 + 15 \cdot 1$$
$$= 16384 + 2816 + 32 + 15$$
$$= 19247_{10}$$

Bedeutungsvoll für die Zahlendarstellung ist noch die Frage nach der größten darstellbaren Zahl bei einer festgelegten Stellenzahl. Diese Zahl läßt sich nach folgender Formel berechnen:

$$MZ = m^n - 1$$

wobei MZ die größte darstellbare Zahl, n die zur Verfügung stehende Stellenzahl und m die Basis des Zahlensystems ist. So ist die größte darstellbare Zahl bei drei zur Verfügung stehenden Stellen

im Dualsystem	$2^3 - 1 =$	7_{10}
im Oktalsystem	$8^3 - 1 =$	511_{10}
im Dezimalsystem	$10^3 - 1 =$	999_{10}
im Hexadezimalsystem	$16^3 - 1 =$	4095_{10}

Die bisher besprochene Zahlendarstellung bezieht sich auf die Darstellung von ganzen Zahlen (= Festkommazahlen, integer Zahlen, fixed point Zahlen). Geht man davon aus, daß eine Speicherzelle des Hauptspeichers eine Größe von 2 Byte hat, so ist die größte darstellbare Zahl $2^{16} - 1 = 65535_{10}$. Da dieser Zahlenbereich für die Praxis im allgemeinen nicht ausreicht, wurden als Erweiterung zu den ganzen Zahlen die reellen Zahlen (Gleitkommazahlen, real Zahlen, floating point Zahlen) hinzugenommen.

Die größte darstellbare Gleitkommazahl ist abhängig von der verwendeten Darstellung und liegt meist in der Größenordnung von 10^{60} bei einer Genauigkeit von sechs Stellen nach dem Komma. Reelle Zahlen benötigen eine Speicherzelle, die größer als 2 Byte ist. Auf Einzelheiten bei der Darstellung von positiven und negativen reellen Zahlen sowie von negativen ganzen Zahlen soll hier nicht eingegangen werden.

Nach der Abhandlung der Zahlendarstellung soll nun die Zeichendarstellung erläutert werden. Die Zeichen lassen sich in drei große Gruppen einteilen:

1. *alphabetische Zeichen*
   ABCDEFGHIJKLMNOPQRSTUVWXYZ
   abcdefghijklmnopqrstuvwxyz
2. *numerische Zeichen*
   0123456789
3. *Sonderzeichen*
   ; : = % & ( ) § / + ! . - , u.a.

Die alphabetischen Zeichen umfassen die Buchstaben, die numerischen Zeichen die Ziffern; sie werden zusammen als alphanumerische Zeichen bezeichnet. Unter dem Begriff „Sonderzeichen" werden die restlichen Zeichen zusammengefaßt. Jedes Zeichen wird durch eine Bitkombination dargestellt. Zur Abspeicherung eines Zeichens wird 1 Byte benötigt. Die mit 8 Bit mögliche Anzahl von verschiedenen Bitkombinationen reicht aus, um sämtliche Zeichen zu codieren. Die Verschlüsselung kann nach unterschiedlichen Codes erfolgen, von denen hier nur der ASCII-Code für eine Anzahl von ausgewählten Zeichen in Abb. 1/14 zu sehen ist.

Zeichen	ASCII-Code
0	00110000
1	00110001
2	00110010
3	00110011
4	00110100
5	00110101
6	00110110
7	00110111
8	00111000
9	00111001
A	01000001
B	01000010
C	01000011
D	01000100
?	00111111
=	10111101
:	00111010

Abb. 1/14. Darstellung von Zeichen im ASCII-Code

Da jedes Zeichen, aber auch jede Dualzahl durch eine Bitkombination dargestellt wird, ergibt sich erst aus dem Programm, ob diese Bitkombination als Dualzahl und damit als Zahlenwert oder als Zeichen interpretiert werden soll.

Beispiel:
Das Zeichen 9 entspricht der
Dualzahl 111001_2
Oktalzahl 71_8
Dezimalzahl 57_{10}
Hexadezimalzahl 39_{16}

1.4 Zusammenfassung

Eine Datenverarbeitungsanlage besteht aus dem Prozessor, dem Speicher und den Ein- und Ausgabegeräten. Unter Hardware versteht man die Geräteausstattung, unter Software die Programmausstattung eines Rechners. Bei der Software kann man zwischen System- und Anwendersoftware differenzieren. Das Betriebssystem besteht aus einer großen Anzahl von Arbeits- und Steuerprogrammen, die den Betrieb der Rechenanlage erst ermöglichen. Die Formulierung einer Problemlösung erfolgt in einer Programmiersprache, deren Grundelemente die Komposition, Alternation und Iteration sind. Die Programmiersprachen lassen sich hierarchisch ordnen, wobei die Befehle der höheren Programmiersprache erst durch Übersetzer auf die für den Rechner direkt ausführbaren Befehle der Maschinensprache zurückgeführt werden müssen. Die Maschinensprachen stellen die unterste, die parametrischen Sprachen die höchste Ebene der Programmiersprachenhierarchic dar. Zahlen werden in einem Computer als Dualzahlen dargestellt. Die Verschlüsselung der Zeichen erfolgt durch festgelegte Regeln, dem Code. Es gibt verschiedene Codes, von denen der ASCII-Code weit verbreitet ist (ASCII = American Standard Code for Information Interchange). Die Zeichen lassen sich in alphabetische, numerische und Sonderzeichen einteilen.

1.5 Übungsaufgaben

1/1 Was ist hier falsch?
   a) 184_8
   b) 102_2

1/2 Welches sind die Grundelemente einer problemorientierten Programmiersprache?

1/3 Was ist die Aufgabe eines Generators, eines Compilers und eines Assemblers?

1/4 Was versteht man unter Hardware, was unter Software?

1/5 Welches sind die größten darstellbaren Zahlen bei 4 zur Verfügung stehenden Stellen im Dual-, Oktal-, Dezimal- und Hexadezimalsystem?

1/6 Welches sind die vier Grundelemente des Betriebssystems CP/M?

1/7 Ergänzen Sie folgende Tabelle:

Dualzahl	Oktalzahl	Dezimalzahl	Hexadezimalzahl
1001			
	67		
			ABC
			5
	10		

1/8 Wie müßte die Dezimalzahl 899_{10} im Neunersystem geschrieben werden?

1/9 Gegeben sind die Zeichen:

    a) 1
    b) B
    c) ?
    d) :

Suchen Sie den jeweiligen ASCII-Code in der Abb. 1/14. Welcher Dual-, Oktal-, Dezimal- und Hexadezimalzahl entspricht der jeweilige ASCII-Code?

Lektion 2. BASIC-Grundelemente

Lernziele

– BASIC-Zeichenvorrat
– Konstanten und Variablen
– Arithmetische Operatoren und Ausdrücke
– Wertzuweisung
– STOP/END Programmende
– Äußere Form von BASIC-Programmen
– Schreibtischtest

2.1 BASIC-Zeichenvorrat

Der BASIC-Zeichenvorrat umfaßt die alphabetischen-, die numerischen und die Sonderzeichen. Diese Einteilung ist bereits in Lektion 1 erläutert worden.

2.2 Konstanten und Variablen

Unter einer Konstanten versteht man eine Zahl, die in Festkomma- oder Gleitkommaschreibweise dargestellt werden kann. Eine Festkommazahl ist eine Zahl ohne Dezimalpunkt, der anstelle des gewohnten Dezimalkommas zu setzen ist. Das Komma dient, wie ausführlich in Lektion 3 gezeigt wird, als Separationszeichen zur Abgrenzung der einzelnen Zahlen bei der Eingabe einer Zahlenreihe. Aus Gründen der Eindeutigkeit darf deshalb das Komma nicht auch noch zur Kennzeichnung der Dezimalstelle verwendet werden.
Folgende Zahlen sind in BASIC gültige Konstanten:

    Festkomma-Konstanten:
    0   123   −6779   −1   +6005   100
    Gleitkomma-Konstanten:
    −0.0046   0.33   0.56   +1.2   145.4E-5   4E3

Das Vorzeichen + kann weggelassen werden. Führende Nullen sind sowohl bei Gleitkomma- als auch bei Festkomma-Konstanten ohne Bedeutung. Besonders für technische Berechnungen kann die halblogarithmische Darstellung von Gleitkommazahlen vorteilhaft sein:

$$145.4\,\text{E-5} = 145.4 \cdot 10^{-5} = 145.4/100000 = 0.0001454$$

E steht dabei für Exponent zur Basis 10.
Der darstellbare Zahlenbereich für Fest- und Gleitkommazahlen hängt vom jeweiligen Computertyp ab und muß im Bedienungshandbuch nachgelesen werden. Entscheidend ist die Anzahl der Bits, die zur Zahlendarstellung zur Verfügung stehen (s. Lektion 1).
Folgende Bezeichnungen sind für Fest- und Gleitkommazahlen gebräuchlich:

Festkommazahlen	Gleitkommazahlen
Integer-Zahlen	Real-Zahlen
ganze Zahlen	Dezimalzahlen
fixed point-Zahlen	floating point-Zahlen

Der Arbeitsspeicher eines Computers besteht aus einzelnen Speicherplätzen, auf denen ein Wert abgelegt werden kann. Zur Kennzeichnung und Identifizierung eines Speicherplatzes wird im Programm ein Name vergeben, der zur Bezeichnung ein und desselben Speicherplatzes für das gesamte Programm gilt. Verschiedene Namen sprechen also verschiedene Speicherplätze an. Die Systemsoftware führt die Verwaltung des Hauptspeichers durch und sorgt automatisch für die richtige Zuordnung, so daß es für den Programmierer normalerweise unerheblich ist, wo sich ein Speicherplatz mit einem bestimmten Namen befindet.
Die Namensgebung ist innerhalb bestimmter Regeln frei und soll aus mnemotechnischen Gründen den Inhalt eines Speicherplatzes charakterisieren (z. B. PR, falls dieser Speicherplatz den Preis für einen Artikel beinhalten soll). Diese Regeln sind bei den verschiedenen BASIC-Dialekten leider recht unterschiedlich und müssen im jeweiligen Rechnerhandbuch nachgelesen werden. Wir wollen uns hier auf die gebräuchlichen Regeln einigen:

1. Der Name darf aus höchstens zwei Zeichen bestehen.
2. Das erste Zeichen muß ein alphabetisches Zeichen sein.
3. Das zweite Zeichen muß ein alphanumerisches Zeichen sein.
4. Sonderzeichen sind nicht erlaubt.
5. Nur Großbuchstaben sind erlaubt.

Danach sind folgende Namen gültig:

A A9 XY AA B8 L S1

Ungültig sind dagegen:

1X A% 9A B. §P

Man bezeichnet die Speicherplätze auch als Variable und die Namen für die Speicherplätze entsprechend als Variablennamen. Im Gegensatz zu den Konstanten, die immer eine feste konkrete Zahl darstellen, kann der Inhalt eines Speicherplatzes variieren. Eine Variable ist somit als „Platzhalter" für einen konkreten Zahlenwert anzusehen.

Manche BASIC-Versionen erlauben eine Differenzierung zwischen Festkomma- und Gleitkommavariablen. Sie wird durch eine spezielle Regel für die Namensgebung erreicht, beispielsweise müssen alle Festkommavariablen mit einem %-Zeichen beginnen (A = Gleitkommavariable, %A = entsprechende Festkommavariable). Wenn diese Möglichkeit besteht, sollte auch davon Gebrauch gemacht werden, da Festkommadaten weniger Speicherplatz und arithmetische Festkomma-Operationen kürzere Ausführungszeiten benötigen als die entsprechenden Gleitkommadaten und -operationen.

Die hier erläuterten Variablen werden auch einfache Variablen genannt. Auf die sogenannten indizierten Variablen wird erst später in Lektion 7 eingegangen.

2.3 Arithmetische Operatoren und Ausdrücke

In der Mathematik bezeichnet man die Aussage

$$4x^3 + 5 - 23bd + c$$

als Ausdruck. Dabei stehen die allgemeinen Zahlen x, b, d und c stellvertretend für beliebige Zahlen, während die Zahlen 4, 3, 5 und 23 fest vergeben sind. Solch ein Ausdruck wird in BASIC ganz ähnlich formuliert. Die allgemeinen Zahlen entsprechen dabei den Variablen, die fest vergebenen Zahlen den Konstanten. Variable und Konstanten werden untereinander durch Operatoren verknüpft.

An dieser Stelle sollen nur die arithmetischen Operatoren behandelt werden. Auf die logischen- und Vergleichsoperatoren in Verbindung mit der Alternation wird in Lektion 5 eingegangen.

Die folgende Tabelle gibt eine Übersicht über die arithmetischen Operatoren:

BASIC Symbol	Beispiel	Bedeutung	Priorität
** oder ↑ oder ∧	A ↑ B	Potenzierung	1
*	A * B	Multiplikation	2
/	A / B	Division	2
+	A + B	Addition	3
−	A − B	Subtraktion	3

In BASIC muß unbedingt jedes Operationssymbol geschrieben werden. Ein Weglassen des Multiplikationsoperators – wie in der Mathematik üblich – ist nicht zulässig. Der Grund hierfür ist, daß nicht mehr unterschieden werden kann, ob z.B. die Variable BD gemeint ist, oder die Variable B mit der Variablen D durch Multiplikation verknüpft werden soll.

Bei der Umsetzung des mathematischen Ausdrucks in einen BASIC-Ausdruck bleibt die Wahl der Variablennamen völlig dem Progammierer überlassen. Der Ausdruck

$$4x^3 + 5 - 23bd + c$$

kann somit als

$$4 * X ** 3 + 5 - 23 * B * D + C$$

aber z.B. auch als

$$4 * A8 ** B9 + 5 - 23 * D * BX + Y$$

geschrieben werden. Die Variablen symbolisieren nur Speicherplätze, die erst bei der Ausführung des Programms einen konkreten Wert zugewiesen bekommen.

Bei der Berechnung von Ausdrücken muß darauf geachtet werden, daß die Operatoren verschiedene Prioritäten besitzen. Operatoren mit höherem Rang werden vor denen mit niederem Rang ausgeführt. Es gilt wie in der Mathematik „Punktrechnung vor Strichrechnung", die Exponentiation hat den höchsten Rang.

In einem Ausdruck ohne Klammern werden die Operationen in der Reihenfolge ihrer Prioritäten abgearbeitet. Operationen gleichen Ranges werden von links nach rechts durchgeführt. Zwei Operationssymbole dürfen nicht unmittelbar aufeinander folgen, sie müssen durch Klammern voneinander getrennt werden.

Durch Klammersetzen können die festgelegten Prioritäten geändert werden. Operationen innerhalb der Klammern werden vorrangig ausgeführt. Eine Schachtelung ist zulässig; die Klammern werden dann „von innen nach außen" aufgelöst.

In der Abb. 2/1 sind Beispiele gegeben.

2.4 Die Wertzuweisung

Im vorigen Kapitel wurde die Formulierung eines Ausdrucks behandelt. Während des Programmablaufs wird jeder Variablen des Ausdrucks ein konkreter Zahlenwert zugewiesen. Der numerische Wert des Ausdrucks wird dann berechnet und auf einem Speicherplatz abgelegt, der wiederum durch eine Variable symbolisiert wird. Dazu dient die sogenannte Wertzuweisung, die zu dem Grundelement Komposition einer problemorientierten Programmiersprache gehört.

In den einzelnen Lektionen werden jeweils Syntax, Semantik und Beispiele der detaillierten Beschreibung der verschiedenen Anweisungen vorangestellt. Dadurch wird eine übersichtliche Darstellung des Stoffes erreicht, die dem Leser den

Überblick erleichtert und eine schnelle und gezielte Wiederholung des Stoffes ermöglicht. Die Syntax beschreibt den formalen Aufbau, die Semantik die Bedeutung der jeweiligen Anweisung. Die Beispiele dienen zur Veranschaulichung der Anweisungen.

Mathematischer Ausdruck	BASIC-Ausdruck
$a\,b$	$A * B$
a^{b+c}	$A ** (B + C)$
$\dfrac{a + b}{cd + a}$	$(A + B) / (C * D + A)$
$\dfrac{ad + b}{d} + 7$	$(A * D + B) / D + 7$
$ab + db$	$A * B + D * B$
$\dfrac{x}{d} + z$	$X / D + Z$
$\dfrac{x}{d + z}$	$X / (D + Z)$
$\dfrac{\frac{x}{d}}{z} = \dfrac{x}{dz}$	$X / D / Z = X / (D * Z)$
$\dfrac{xz}{d}$	$X * Z / D$

Abb. 2/1. Ausdrücke

Für die Darstellung der Syntax werden für die folgenden Ausführungen die nachstehenden Vereinbarungen getroffen:

- in Großbuchstaben geschriebene Wörter sind reservierte Wörter (Schlüssel-wörter), d.h. sie stellen Anweisungen und Befehle dar.
- eckige Klammern zeigen wahlfreie Angaben an, sie können bei Bedarf wegge-lassen werden.
- geschweifte Klammern bedeuten, daß nur eine von untereinander stehenden Angaben gemacht werden darf, dabei darf frei zwischen den verschiedenen Angaben gewählt werden.
- drei Punkte deuten an, daß die unmittelbar davorstehende Angabe ein- oder mehrere Male wiederholt werden darf.

Die Wertzuweisung kann somit durch Syntax, Semantik und Beispiele wie folgt beschrieben werden:

Syntax

$$[\text{LET}]\ \text{Variable} = \begin{Bmatrix} \text{Konstante} \\ \text{Variable} \\ \text{Ausdruck} \end{Bmatrix}$$

Semantik

> Einer Variablen links von einem Gleichheitszeichen wird ein Wert zugewiesen, der durch das gegeben ist, was rechts des Gleichheitszeichens steht. Das Symbol = darf dabei nicht im mathematischen Sinne als Gleichheitszeichen, sondern muß in BASIC als Zuweisungssymbol verstanden werden. Das Wort LET kann bei den meisten BASIC-Dialekten weggelassen werden. Bei der interpretierenden Ausführungstechnik ist die Ausführungszeit für eine Wertzuweisung in der Regel kürzer, wenn das Wort LET der Wertzuweisung vorangestellt wird.

Beispiele

Wertzuweisung	Bedeutung
N = 1	Speichere den Zahlenwert 1 auf den Speicherplatz mit dem Namen N.
LET X = A	Lies den Inhalt des Speicherplatzes mit dem Namen A und speichere den Wert auf den Speicherplatz mit dem Namen X. Der ursprüngliche Inhalt des Speicherplatzes A bleibt dabei erhalten, da auf A nur lesend zugegriffen wird. Der alte Inhalt des Speicherplatzes X wird dagegen „überschrieben" (schreibender Zugriff auf X).
X = A + B	Lies den Inhalt des Speicherplatzes A, addiere dazu den Inhalt des Speicherplatzes B und speichere das Ergebnis auf den Speicherplatz mit dem Namen X ab.
I = I + 1	Lies den Inhalt des Speicherplatzes I, addiere dazu den Wert 1 und speichere das Ergebnis wieder auf den Speicherplatz mit dem Namen I. Der Inhalt des Speicherplatzes I wird also mit dieser Anweisung um 1 erhöht.

Bei einer Wertzuweisung wird einer Variablen ein Wert zugewiesen, der durch das gegeben ist, was rechts des Gleichheitszeichens steht. Das Gleichheitszeichen darf dabei nicht im mathematischen Sinne als Gleichheitszeichen verstanden werden. Es wird hier als Zuweisungssymbol verwendet und sollte vielleicht besser als ← gedacht werden. Der Pfeil zeigt von rechts nach links und gibt damit direkt die Richtung des Datenflusses an. Es wird deutlich, daß links des Zuweisungssymbols (=) nur eine Variable, der Name eines Speicherplatzes also, stehen darf. Auf diese Variable wird „schreibend" zugegriffen, d.h. sie enthält nach der Ausführung der Wertzuweisung den berechneten Wert. Durch den schreibenden Zugriff wird der ursprüngliche Inhalt des Speicherplatzes zerstört und durch den neuen Wert „überschrieben".
Rechts des Zuweisungssymbols darf eine Konstante, eine Variable oder ein Ausdruck stehen. Auf die Variablen rechts des Zuweisungssymbols wird „lesend"

zugegriffen. Hierdurch wird der Wert der Variablen nicht zerstört. Er bleibt für
weitere lesende Zugriffe erhalten.

Das Wort LET kann bei den meisten BASIC-Versionen weggelassen werden. Bei
der interpretierenden Ausführungstechnik wird die Ausführung der Wertzuweisung jedoch meistens bei Angabe von LET beschleunigt.

2.5 Äußere Form von BASIC-Programmen

Jedes BASIC-Programm besteht aus einer Folge von Anweisungen (statements,
Befehlen). Jedem Statement muß eine Nummer (Statementnummer) vorausge-
hen. Die Abarbeitung der Statements erfolgt in der arithmetischen Reihenfolge
ihrer Statementnummern.

Die Numerierung der einzelnen Anweisungen sollte in Zahlenintervallen größer
als 1 erfolgen, um später bei Bedarf noch das Einfügen von Statements zu
ermöglichen. Üblich ist ein Intervall von 10. Die Eingabe der Befehle braucht
nicht in der arithmetischen Reihenfolge ihrer Nummern zu geschehen, da automatisch eine Sortierung durchgeführt wird.

Beispiel:

```
10   A = 1
20   B = 4
30   C = A + B
```
Programm 2/1

2.6 Das Programmende STOP, END

Syntax

```
STOP
END
```

Semantik

Die Befehle STOP und END kennzeichnen das Ende eines Programms. Stößt
der Rechner auf einen dieser Befehle, so wird der Ablauf des Programms
beendet. Der Unterschied zwischen STOP und END besteht darin, daß bei
STOP die Anweisungsnummer der betreffenden STOP-Anweisung ausgegeben wird, bei der das Programm beendet wurde. Bei Beendigung des Programms durch END entfällt diese Angabe.

Beispiel

```
1. 10   A = 1            2. 10   A = 1
   20   B = 4               10   B = 4
   30   C = A + B           30   C = A + B
   40   STOP               40   END
```

Jedes Programm hat ein physikalisches und mindestens ein logisches Ende. Das physikalische Programmende ist durch die Anweisung mit der höchsten Statementnummer gegeben, was bedeutet, daß auf diese Anweisung keine weiteren mehr folgen. Während das physikalische Ende den Abschluß der zu einem Programm gehörenden Anweisungen kennzeichnet, bedeutet das logische Ende, daß der Computer hier die Ausführung des Programms beenden soll. Ein Programm kann somit nur ein physikalisches aber mehrere logische Enden haben. Oft fallen wie in dem angegebenen Beispiel physikalisches und logisches Ende zusammen. Das logische Programmende wird durch die Befehle STOP oder END dargestellt. Stößt der Rechner auf einen dieser Befehle, wird die Ausführung des Programms beendet. Bei STOP wird die Anweisungsnummer der betreffenden STOP-Anweisung ausgegeben, bei der das Programm beendet wurde, während dagegen bei Beendigung durch END diese Angabe entfällt. In Beispiel 1 würde die Zahl 40 aus gegeben, in Beispiel 2 nicht. Das physikalische Ende wird ebenfalls durch STOP oder END gekennzeichnet. Die Angabe des physikalischen Endes kann bei den meisten BASIC-Versionen fehlen.

2.7 Hilfen für den Programmtest

Für den Anfänger ist es oft schwierig, den Ablauf eines Programms zu überblikken. Die Fehlersuche beschränkt sich dann oft auf ein zielloses Probieren, bis die richtige Lösung gefunden wird. Besser ist es jedoch, den Programmablauf in „Zeitlupe" unabhängig von einem Computer nachzuvollziehen. Dadurch wird nach und nach ein besseres Verständnis für das Programmieren erreicht, so daß später auch komplexe Programme überschaut werden können.

```
10   A = 1
20   B = 4
30   C = A + B
40   END
```
Programm 2/2

| Speicher- | Anweisungsnummern | | |
plätze	10	20	30
A	1	1	1
B	?	4	4
C	?	?	5

zeitlicher Ablauf →

Abb. 2/2. Wertetabelle für das Programm 2/2

Schauen wir uns einmal das Programm 2/2 und die dazugehörige Abb. 2/2 an.
Der Programmablauf läßt sich durch die Tabelle in „Zeitlupe" verfolgen. Der
Inhalt der im Programm aufgeführten Speicherplätze wird zu jedem Zeitpunkt
während der Ausführung ersichtlich. Ein Fragezeichen bedeutet, daß zu dem
entsprechenden Zeitpunkt der Speicherplatz noch keinen definierten Wert enthält.
In Ergänzung soll noch ein weiteres Programm 2/3 betrachtet werden. Dies
Programm stellt eine willkürlich gewählte Folge von Wertzuweisungen dar und
soll lediglich dazu dienen, noch einmal den Ablauf eines Programmes zu veranschaulichen. Die Tabelle nach Abb. 2/3 gibt den Programmablauf wieder.

```
10   A = 5
20   B = 3
30   C = A + B
40   B = C * (A + B)
50   A = C − (A + B)
60   END
```
Programm 2/3

Speicherplätze	Anweisungsnummern				
	10	20	30	40	50
A	5	5	5	5	−61
B	?	3	3	64	64
C	?	?	8	8	8
	zeitlicher Ablauf →				

Abb.2/3. Wertetabelle für das Programm 2/3

Man sieht deutlich, daß die Inhalte der Speicherplätze während des zeitlichen
Ablaufs des Programms unverändert bleiben, solange der Name des Speicherplatzes nicht auf der linken Seite des Zuweisungssymbols (=) auftaucht und
damit durch den Wert überschrieben wird, der sich daraus ergibt, was auf der
rechten Seite des Zuweisungssymbols steht.
Für umfangreiche Programme ist es umständlich, derartige Tabellen zu erstellen.
Hier greift man auf eine abgekürzte Form zurück, den sogenannten Schreibtischtest. Schreibtischtest deshalb, weil man mit ihm die Vorgänge, die sich im
Computer bei der Ausführung des jeweiligen Programms abspielen, am Schreib-
tisch simulieren kann.
Auf der linken Seite eines Trennungsstriches werden die Namen der Speicherplätze aufgeführt, rechts ihre jeweiligen Inhalte. Wird der Inhalt eines Speicherplatzes überschrieben, so streicht man den alten Wert durch und schreibt den
neuen auf. Der Schreibtischtest für das Programm 2/3 ist in Abb. 2/4 zu sehen.
Nach Ablauf des Programms stehen auf den Speicherplätzen A, B und C jeweils
die Werte − 61, 64 und 8.

```
A |  5   −61
B |  3    64
C |  8
```

Abb. 2/4. Schreibtischtest für das Programm 2/3

In den folgenden Kapiteln werden verständlicherweise die Programme nicht mehr in dieser Ausführlichkeit besprochen. Es sollte nur mit diesem Abschnitt besonders dem Anfänger der Einstieg in das Verständnis eines Programmablaufs erleichtert werden. Bei Verständnisschwierigkeiten sollte er sich an diesen Schreibtischtest erinnern und ihn dann für das entsprechende Programm durchführen.

Zum Schluß dieser Lektion soll noch ein letztes Programm besprochen werden, welches die Inhalte zweier Speicherplätze vertauscht. Dieses Programm wird zwar hier nur aufgeführt, um den Leser an das „Jonglieren" mit Speicherplätzen zu gewöhnen, ist aber von praktischer Bedeutung, wenn es mit weiteren Befehlen zusammen in Lektion 7 dazu beutzt wird, ein Programm zu erstellen, das eine Zahlenreihe in auf- oder absteigender arithmetischer Reihenfolge sortiert. Die Wertetabelle für das Programm 2/4 ist in Abb. 2/5, der Schreibtischtest in Abb. 2/6 dargestellt.

```
10   A = 8
20   B = 10
30   H1 = A
40   H2 = B
50   A = H2
60   B = H1
70   END
```

Programm 2/4   Vertauschen der Inhalte zweier Speicherplätze

Speicherplätze	Anweisungsnummern					
	10	20	30	40	50	60
A	8	8	8	8	10	10
B	?	10	10	10	10	8
H1	?	?	8	8	8	8
H2	?	?	?	10	10	10

zeitlicher Ablauf →

Abb. 2/5. Wertetabelle für das Programm 2/4

```
A  |  8   10
B  | 10    8
H1 |  8
H2 | 10
```

Abb. 2/6. Schreibtischtest für das Programm 2/4

Um die Vertauschung durchzuführen, werden zwei Hilfsspeicher benötigt, die die Namen H1 und H2 bekommen sollen. In den ersten beiden Anweisungen wird auf die Speicherplätze A und B jeweils eine Zahl geschrieben. Dann wird der Inhalt von A auf den Hilfsspeicher H1 und der Inhalt von B auf H2 gebracht. Anschließend kann auf den Speicherplatz A der Inhalt von H2 gebracht werden. Im nächsten Schritt wird der Inhalt von H1 und damit der ursprüngliche Inhalt von A auf den Speicherplatz B gebracht.

2.8 Zusammenfassung

Der BASIC-Zeichenvorrat besteht aus den alphabetischen-, den numerischen- und den Sonderzeichen. Die Plätze des Arbeitsspeichers können symbolisch mit Namen bezeichnet werden (Variablennamen). Für die Namensgebung gibt es festgelegte Regeln. Im Gegensatz zu den Konstanten, die einen festen Zahlenwert darstellen, stehen Variablen stellvertretend für einen beliebigen Zahlenwert, da sie einen Speicherplatz symbolisieren, dessen Inhalt variieren kann. Die Verknüpfung von Konstanten und Variablen geschieht durch Operatoren. Mit dem =-Zeichen können Variablen Werte zugewiesen werden. Diese Anweisung wird Wertzuweisung genannt. Das =-Zeichen muß als Zuweisungssymbol und darf nicht im mathematischen Sinne als Gleichheitszeichen verstanden werden. Jeder BASIC-Befehl ist durch seine Syntax (äußere Form) und seine Semantik (Bedeutung) charakterisiert. Ein Programm hat ein physikalisches und ein logisches Ende. Das logische Ende wird in BASIC durch die Befehle STOP oder END angezeigt, ebenso das physikalische Ende, welches bei den meisten BASIC-Versionen weggelassen werden kann. Der Schreibtischtest gestattet die Darstellung der Ergebnisse eines Programmes. Mit ihm kann der Ablauf eines Programms nachvollzogen und auf Fehler hin untersucht werden.

2.9 Übungsaufgaben

2/1 Was ist hier falsch?

    a) $4A = 5$
    b) $Z1 = (5 + 6 * (D - E) ** 3$
    c) $C = A1 + AB1 - X$
    d) $D = AD + - X$

2/2 Wandeln Sie in BASIC-Ausdrücken um:

    a) $6 + \dfrac{abc}{d}$ b) $\dfrac{a + b}{x}$

    c) x^{y-z} d) $\dfrac{a}{bcd}$

    e) $\dfrac{a + b + c}{a + \dfrac{b}{x + y}}$ f) a^{bc}

2/3 Warum darf bei der halblogarithmischen Schreibweise beispielsweise für 1000 nicht einfach E3 anstelle von 1 E3 geschrieben werden?

2/4 Entfernen Sie überflüssige Klammern aus den Ausdrücken!

a) $A * (B * C)$ b) $(A * B) + D * (x + y)$
c) $(A / B) / C$ d) $A * (B / C)$
e) $(A * * x) * y$ f) $A * * (x * y)$
g) $A / (B / C)$ h) $(A / B) * C$
i) $A / (B * C)$ j) $A + B * (x * * z)$

2/5 Führen Sie den Schreibtischtest durch!

a) 10   A = 3
   20   B = 15
   30   C = A / B / 4
   40   D = C * B / 4 + B
   50   C = C / C * A
   60   END

b) 10   A = 8
   20   B = 10
   30   A = B
   40   B = A
   50   END

2/6 Das Programm 2/4 zur Vertauschung der Inhalte zweier Speicherplätze ist nicht optimal geschrieben!
Es reicht nämlich aus, nur einen Hilfsspeicherplatz einzuführen. Schreiben Sie dieses Programm und führen Sie den Schreibtischtest durch!

Lektion 3. Ein- und Ausgabeanweisungen

Lernziele

- *INPUT Eingabeanweisung*
- *PRINT Ausgabeanweisung*
- *TAB   Funktion zur Ausgabebesteuerung*

3.1 INPUT Eingabeanweisung

Die Aufgabe eines Programmes ist es, eingegebene Daten zu verarbeiten und die gewonnenen Resultate auszugeben. Dieses Prinzip ist in der EDV als EVA-Prinzip bekannt: Eingabe, Verarbeitung, Ausgabe.

Eingabe	Verarbeitung	Ausgabe
Eingabedaten →	Programm	→ verarbeitete Eingabedaten (Resultate)

Abb. 3/1. Das EVA-Prinzip

Für die Ein- und Ausgabe stehen für die verschiedenen Aufgabenstellungen eine große Anzahl von Geräten zur Verfügung, von denen einige mit ihrem entsprechenden Schriftsymbol in Abb. 3/2 angegeben sind.
In Lektion 1 sind bereits die Grundlagen der Ein- und Ausgabegeräte besprochen worden. An dieser Stelle wird die Programmierung dieser E/A-Geräte behandelt. Dazu gehen wir von einem Programm zur Zinsberechnung aus. Die Formel zur Berechnung der Zinsen für ein gegebenes Kapital K unter Berücksichtigung des Zinssatzes p und der Laufzeit L lautet:

$$Z = K \cdot L \cdot p / 100$$

Eingabedaten wären in diesem Fall das Kapital, die Laufzeit und der Zinssatz. Das Ausgabedatum wäre der berechnete Zinsbetrag. Die Verarbeitung entspricht der Programmierung einer Wertzuweisung nach der angegebenen Formel. Die Formulierung einer Wertzuweisung wurde bereits in Lektion 2 behandelt. Um

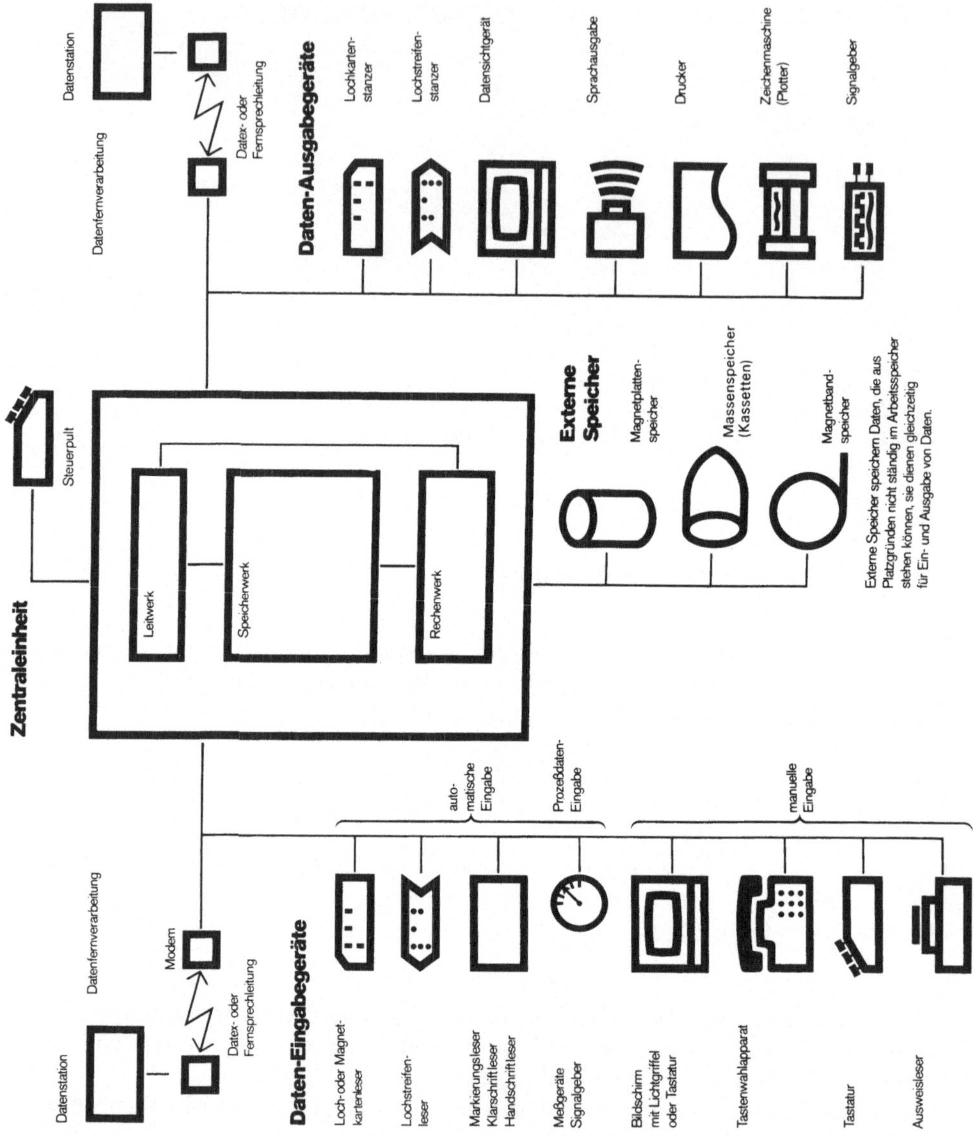

Abb. 3/2. Rechnerkonfiguration mit verschiedenen E/A-Geräten (aus: Grundlagen der Datenverarbeitung, IBM Deutschland GmbH, 1975)

das vollständige Programm schreiben zu können, benötigt man noch Befehle, die es gestatten, auf einen Speicherplatz einen Wert unter Benutzung eines Eingabegerätes zu schreiben bzw. den Inhalt eines Speicherplatzes auf einem Ausgabegerät auszugeben.

Zunächst soll die Eingabeanweisung erläutert werden:

Syntax

> INPUT ["Text";] a_1 [, a_2 ...]
> a_1 ... a_n bedeuten Variablennamen

Semantik

> Durch die INPUT-Anweisung werden Daten über eine Eingabeeinheit einge-
> lesen und auf den Speicherplätzen abgelegt, deren Namen in der INPUT-
> Anweisung angegeben sind.

Beispiele

> 1. INPUT A
> 2. INPUT A, B, C, D
> 3. INPUT "ZAHL EINGEGEBEN"; ZX

Die INPUT-Anweisung dient der interaktiven Eingabe von Daten, d.h., daß das
laufende Programm anhält, wenn es auf eine INPUT-Anweisung stößt, und die
Eingabe von Daten verlangt. Wenn eine solche Anweisung zur Ausführung
kommt, wird bei den meisten BASIC-Versionen auf dem Bildschirm ein Fragezei-
chen ausgegeben zum Zeichen dafür, daß der Benutzer Daten eingeben muß.
Wieviele Daten eingegeben werden müssen, wird im Programm durch die
INPUT-Anweisung festgelegt.
Die INPUT-Anweisung nach Beispiel 1. verlangt die Eingabe einer einzigen Zahl.
In diesem Fall wird eine Zahl über die Eingabetastatur eingetippt. Anschließend
muß noch die RETURN-Taste gedrückt werden; erst dann wird die Eingabezeile
an das Programm übergeben.
Oft möchte man aber in einer Zeile mehrere Eingabedaten übergeben. Das Programm zur Zinsberechnung verlangt beispielsweise die Eingabe des Kapitals, des
Zinssatzes und der Laufzeit. Man könnte dieses Programm natürlich so schreiben
wie in Programm 3/1 dargestellt. Nachteilig ist jedoch, daß jedes Eingabedatum
in einer neuen Zeile eingetippt werden muß. Einfacher und übersichtlicher wäre
es, sämtliche Daten in einer Eingabezeile zusammenzufassen.

```
10   INPUT K
20   INPUT L
30   INPUT P
40   Z = K * L * P / 100
50   END
```
Programm 3/1

Die entsprechende INPUT–Anweisung dazu zeigt das Beispiel 2. Hier wird hinter
dem Schlüsselwort INPUT nicht eine einzige Variable, sondern eine sogenannte

Variablenliste angegeben. Eine Variablenliste besteht aus mehreren Variablen, die durch Kommata voneinander getrennt sein müssen. In der dazugehörigen Eingabezeile müssen die einzelnen Daten ebenfalls durch Kommata voneinander getrennt eingegeben werden (s. Lektion 2, Abschn. 2.2). Die Zuordnung der Daten einer Eingabezeile zu der in der INPUT-Anweisung aufgeführten Variablenliste erfolgt sukzessive, d.h. das erste Eingabedatum wird auf den Speicherplatz gebracht, dessen Name an erster Stelle in der Variablenliste steht, das zweite Eingabedatum auf den Speicherplatz, dessen Name an zweiter Stelle steht usw. Werden in der Eingabezeile weniger Daten angegeben als nach der Variablenliste in der zugehörigen INPUT-Anweisung verlangt wird, geben viele BASIC-Versionen ?? aus und erwarten weitere Eingabedaten. Diese werden nacheinander solange der INPUT-Anweisung zugeordnet, bis die erforderliche Anzahl der Eingabedaten erfüllt ist. Dann wird die nächste INPUT-Anweisung abgearbeitet und entsprechend verfahren.

Enthält eine Eingabezeile mehr Daten als die dazugehörige INPUT-Anweisung verlangt, geben viele BASIC-Versionen die Warnung "EXTRA IGNORED" aus; die Programmausführung wird fortgesetzt. Diese Warnung besagt, daß die zusätzlich eingegebenen Daten ignoriert werden. Eine „Übertragung" dieser Daten auf die im Programm nächstfolgende INPUT-Anweisung erfolgt nicht!

Somit läßt sich das Programm 3/1 folgendermaßen umschreiben:

```
10    INPUT K, L, P
20    Z = K * L * P / 100
30    END
```

Programm 3/2

Das Programm 3/2 erwartet im Gegensatz zu Programm 3/1 nicht drei, sondern nur eine Eingabezeile. In dieser müssen durch Kommata getrennt Kapital, Laufzeit und Prozentsatz eingegeben werden. Solch eine Zeile könnte z.B. so aussehen:

```
1000,1.5,7.5
```

Die Zinsen eines Kapitals von 1000 DM sollen bei $1\frac{1}{2}$-jähriger Laufzeit und einem Zinssatz von 7,5% berechnet werden.

Die Eingabezeile muß mit RETURN dem Programm übergeben werden.

In der Praxis werden die Programme meist nicht vom Programmierer selbst benutzt, sondern von Anwendern, die keine Kenntnisse über das Programm besitzen. Wenn das Programm gestartet wird und lediglich ein ?-Zeichen ausgegeben wird, weiß der unbedarfte Anwender zwar, daß der Rechner jetzt die Eingabe von Daten verlangt, aber er weiß natürlich nicht, welche Daten er eingeben soll. Besser als die Benutzung eines Programms mit einem dicken Anleitungsbuch in der Hand ist es, wenn der Benutzer bei seinen Aktionen durch das Programm selbst geführt wird. Zu einer guten Benutzerführung gehört, daß bei jeder Eingabezeile die einzugebenden Daten durch einen entsprechenden Text erläutert werden. Dieser Text muß dem Schlüsselwort INPUT folgen und ist von der Variablenliste durch ein Semikolon zu trennen (s. Beispiel 3.). Der Text erscheint dann vor dem ?-Zeichen auf dem Bildschirm. Auf das Programm 3/2 kann diese Form der INPUT-Anweisung so angewendet werden:

```
10   INPUT "KAPITAL, LAUFZEIT UND ZINSSATZ EINGEBEN"; K, L, P
20   Z = K * L * P/100
30   END
```

Programm 3/3

Damit haben wir die Möglichkeit besprochen, Daten über eine Eingabetastatur einzutippen und in einem Programm weiter zu verarbeiten. Es gibt über die behandelte Anweisung hinaus noch weitere Möglichkeiten der Eingabe in BASIC, die im Band für Fortgeschrittene ausführlich erläutert werden.

3.2 PRINT Ausgabeanweisung
TAB   Funktion zur Ausgabesteuerung

Das Programm 3/3 enthält den Eingabe- und den Verarbeitungsteil unseres Programmes zur Zinsberechnung. Hinzugefügt werden muß noch der Ausgabeteil, um nach dem EVA-Prinzip das vollständige Programm zu erhalten.

Syntax

PRINT a_1 [$\{^,_;\}$ a_2 ...]
a_1, a_2 ... Konstanten, Variablen, arithmetische Ausdrücke oder Zeichenketten, denen eine Funktion zur Ausgabesteuerung vorangestellt werden kann

Semantik

Durch die PRINT-Anweisung werden Daten über eine Ausgabeeinheit ausgegeben. Das Bild der ausgegebenen Daten kann durch Funktionen zur Ausgabesteuerung und durch die Wahl des Separationszeichens (; oder ,) gestaltet werden.

Beispiele

1. PRINT 4
2. PRINT 4 + 5
3. PRINT A
4. PRINT A,B,C
5. PRINT A;B;C
6. PRINT A,B;X * Y,D
7. PRINT "ERGEBNIS = ";Z
8. PRINT TAB(10) B; TAB(S) A; TAB(X + Y) D
9. PRINT A;" + "; B; TAB(20) "ERGIBT"; A + B

Zur Datenausgabe wird die PRINT-Anweisung benutzt, die eine Ausgabe auf dem Bildschirm bewirkt. Hinter einer solchen Anweisung kann eine Reihe von Ausdrücken stehen, die nachstehend ausführlich erläutert werden. Entfällt die Angabe dieser Liste, wird eine Leerzeile – ein Zeilenvorschub – ausgegeben.

Die Syntax und die Semantik ähneln sehr der INPUT-Anweisung. Während bei der INPUT-Anweisung nur eine Variablenliste angegeben werden kann, ist bei der PRINT-Anweisung eine Liste möglich, die Konstanten, Variablen und Ausdrücke enthalten darf, wobei die Ergebnisse der Ausdrücke ausgegeben werden. So wird in Beispiel 1. die Zahl 4, in Beispiel 2. die Zahl 9 und in Beispiel 3. die Zahl ausgedruckt, die auf der Speicherstelle mit dem Namen A steht.

Die einzelnen Elemente einer Ausgabeliste müssen durch ein Separationszeichen (Delimiter) voneinander getrennt werden. Als Delimiter dienen Komma und Semikolon. Durch die Wahl des Delimiters kann das Ausgabebild gesteuert werden. Ein Semikolon zwischen zwei Elementen bedeutet, daß das zweite Element direkt hinter dem ersten ausgedruckt wird. Bei Zeichenketten (s. Lektion 9) wird dabei kein Leerzeichen, bei numerischen Werten – bei Zahlen also – ein Leerzeichen eingefügt.

Ein Komma bewirkt die Ausgabe der Daten an bestimmten Schreibstellen. Eine Ausgabezeile ist in 5 Zonen zu je 14 Schreibstellen aufgeteilt. Diese Aufteilung kann bei den einzelnen BASIC-Versionen unterschiedlich sein. Die einzelnen Werte werden bei der Ausgabe linksbündig in die jeweiligen Spalten geschrieben, so daß hintereinander ausgeführte PRINT-Anweisungen einen tabellarischen Ausdruck der Daten ermöglichen. Sind in einer PRINT-Anweisung mehr Elemente angegeben als Ausgabezonen vorhanden sind, werden die restlichen Elemente geschrieben. Die Zoneneinteilung beginnt dann wieder bei Zone 1. Beansprucht die Ausgabe eines Datenelements mehr Ausgabestellen als der Länge einer Zone entspricht, so wird das nächste Datenelement in die folgende vollständig freie Zone geschrieben.

Die Separationszeichen Komma und Semikolon können in einer PRINT-Anweisung nebeneinander benutzt werden. Das Schriftbild wird entsprechend den obigen Erläuterungen gestaltet (Beispiel 6).

Wie bei der INPUT-Anweisung können auch bei der PRINT-Anweisung Texte (Zeichenketten) verwendet werden (Beispiel 7). Der auszugebende Text muß dabei in Anführungszeichen gesetzt werden. Folgen Zeichenketten und Variablen bzw. numerische Konstanten abwechselnd aufeinander und sollen diese direkt hintereinander gedruckt werden, so ist es möglich, den Delimiter wegzulassen. Das Programm 3/4 zeigt folgenden Ausdruck:


```
3 + 4 IST 7
```


```
10   A = 3
20   B = 4
30   PRINT A "+" B "IST" A + B
```

Programm 3/4

Beendet ein Komma oder Semikolon die Liste der Ausgabeelemente, beginnt die Ausführung der nächsten PRINT-Anweisung mit der Ausgabe in derselben Zeile an der Stelle, die durch Semikolon oder Komma in der vorhergehenden PRINT-Anweisung spezifiziert worden ist. Folgt der Liste der Ausgabeelemente kein Semikolon oder Komma, dann beginnt die nächste PRINT-Anweisung die Ausgabe in einer neuen Zeile. Beispiel:

```
10   PRINT "A";"B";"C"
20   PRINT 1,"D","A"
30   PRINT "A";"B";
40   PRINT "C",2;3
50   END
```

Dieses Programm erzeugt folgenden Ausdruck:

```
Schreibstelle:  | 01234567890123|45678901234567|89
                | ABC           |              |
                | 1             |D             |A
                | ABC           |2 3           |
```

Die TAB-Funktion bietet die Möglichkeit, Daten in einer frei wählbaren Tabellenform zu schreiben. Die Funktion bewirkt, daß das jeweilige Element in der Ausgabeliste, welches der TAB-Funktion folgt, auf dem Bildschirm von der angegebenen Schreibstelle ausgehend in die Ausgabezeile geschrieben wird. Die Schreibstelle wird dabei in Klammern hinter der TAB-Funktion als Argument angegeben. Als Argumente sind Konstanten, Variablen und arithmetische Ausdrücke zulässig (Beispiele 8 und 9). Die Positionsnummer der Schreibstelle wird durch den Cursor (= laufende Eingabestelle) angezeigt; sie muß im Bereich zwischen 0 und 255 liegen. Ist sie größer als 79, beginnt der Ausdruck in der nächstfolgenden Zeile an der entsprechenden Stelle. Befindet sich der Cursor bereits rechts von der angegebenen Positionsnummer, hat TAB keine Wirkung mehr.

Es ist möglich, mehrere TAB-Funktionen in einer PRINT-Anweisung zu verwenden. Beispiel:

```
10   PRINT TAB(10)"A"; TAB(20)"B"; TAB(15)"C"; TAB(25)"D"
20   END
```

Dieses Programm erzeugt folgenden Ausdruck:

```
Schreibstelle:  0123456789|0123456789|01234|56789
               ─────────────────────────────────────
                          |A         |B C   |D
```

TAB(15) hat in diesem Beispiel keine Wirkung mehr, da der Cursor sich bereits auf einer höheren Position (20) befand, bevor das Zeichen "C" an der Position 15 ausgedruckt werden sollte.

3.3 REM Kommentaranweisung

Syntax

> REM   kommentar
> kommentar = Text, der zur Erläuterung des Programms dient

Semantik

> Durch die REM-Anweisung können Kommentare in ein Programm eingefügt werden.

Beispiele

> REM EINGABE
> REM BERECHNUNG DES MITTELWERTES

Mit Hilfe der REM-Anweisung können Kommentare zur Erklärung bestimmter Verarbeitungsschritte in ein BASIC-Programm eingefügt werden. Eine Anweisung, die mit REM beginnt, wird nicht ausgeführt. Hinter REM kann ein beliebiger Text folgen.

Wir wollen jetzt das eingangs gestellte Problem vervollständigen und das komplette Programm zur Zinsberechnung schreiben. Die einzelnen Teile des Programms sind nach dem EVA-Prinzip durch entsprechende Kommentaranweisungen gekennzeichnet.

```
10   REM EINGABE
20   INPUT "KAPITAL, LAUFZEIT UND ZINSSATZ EINGEBEN"; K, L, P
30   REM VERARBEITUNG
40   Z = K * L * P/100
50   REM AUSGABE
60   PRINT "DIE ZINSEN BETRAGEN ";Z;" DM"
70   END
```

Programm 3/5

3.4 Mehrere Befehle in einer Zeile

Bisher sind wir davon ausgegangen, daß jeder Anweisung eine Anweisungsnummer vorangestellt werden muß. Dies ist jedoch bei den meisten BASIC-Versionen nicht zwingend notwendig. Es können nämlich Anweisungen unter einer Statementnummer zusammengefaßt werden, wenn die einzelnen Anweisungen dieser Zeile durch einen Doppelpunkt voneinander getrennt werden. Sie werden nacheinander von links nach rechts abgearbeitet.

Somit liefern die Programme a, b und c unter 3/6 dieselben Resultate:

```
a) 10   INPUT A, B
   20   C = A + B
   30   PRINT C
   40   END
b) 10   INPUT A,B: C = A + B
   20   PRINT C
   30   END
c) 10   INPUT A,B : C = A + B : PRINT C : END
```

3/6 Programmversionen   Addition zweier Zahlen

Die Möglichkeit, mehrere Anweisungen unter einer Zeilennummer zu führen, hat Vor- und Nachteile. Ein Nachteil ist, daß Programme in der Regel unübersichtlicher werden. Ein weiterer Nachteil besteht darin, daß nicht mehr jede Anweisung eines Programmes als Sprungziel verwendet werden kann (s. Lektion 5). Dadurch können nachträgliche Änderungen erheblich erschwert werden.
Der große Vorteil liegt in der kürzeren Ausführungszeit und in dem geringeren Speicherbedarf für diese Programme. Man sollte deshalb immer dann mehrere Anweisungen mit einer Anweisungsnummer versehen, wenn das Programm bezüglich Ausführungszeit und Speicherbedarf optimiert werden muß.
Auf die Gründe der Speicherplatz- und Zeitersparnis kann in diesem Band für Anfänger nicht eingegangen werden.

3.5 Zahlenformate

Das Format der Ausgabe einer Zahl ist durch folgende Regeln gekennzeichnet:

1. Ist die Zahl negativ, wird links von der Zahl ein Minuszeichen ausgegeben; ist sie positiv, wird ein Leerzeichen (Blank) vorangestellt.
2. Wenn der Absolutwert einer Zahl eine Integer Zahl zwischen 0 und 999999999 ist, wird sie wie eine Integer Zahl ausgegeben. (Anmerkung: Diese Aussage ist dann richtig, wenn der Rechner eine Genauigkeit von 9 Stellen erlaubt. Viele BASIC-Versionen begnügen sich aber mit einer Genauigkeit von 6 Stellen. In diesem Fall gilt entsprechend ein anderer Zahlenbereich!)
3. Ist der Absolutbetrag einer Zahl größer oder gleich 0.01 und kleiner oder gleich 999999999, wird sie als Festkomma- oder Gleitkommazahl ausgegeben.
4. Fällt die Zahl nicht in die oben genannten Bereiche, wird auf die wissenschaftliche Notation, d.h. die Exponentialdarstellung, umgeschaltet. Diese Form sieht wie folgt aus:

SX.XXXXXXXEABB

S steht für das Vorzeichen der Mantisse und A für das Vorzeichen des Exponenten. X stellt eine Ziffer der Mantisse und B eine Ziffer des Exponenten dar. Nicht signifikante Nullen werden in der Mantisse, nicht aber im Exponenten unterdrückt. Der Exponent wird in diesem Fall zweistellig mit Vorzeichen ausgegeben. Auch das + -Vorzeichen wird hier gedruckt und nicht wie bei der Mantisse als Blank dargestellt. Die Anzahl der Nachkommastellen kann zwischen 0 und 8 liegen (s. Anm. zu Punkt 2). Im Fall von 0 Nachkommastellen entfällt der Dezimalpunkt. Bei der Exponentialdarstellung steht immer genau eine Ziffer vor dem Punkt (normierte Zahlendarstellung).

```
1.23456789E-04
1.23456789E-03
.0123456789
.123456789
1.23456789
12.3456789
123.456789
1234.56789
12345.6789
123456.789
1234567.89
12345678.9
123456789
1.23456789E+09
1.23456789E+10
```

Abb. 3/3. Zahlenformate

Abbildung 3/3 zeigt alle möglichen Zahlendarstellungen. Es gibt keinen BASIC-Befehl, der Zahlen in ein bestimmtes Format zwingt. Für Anwendungen besonders im kommerziellen Bereich kann dies jedoch den Ausdruck übersichtlicher Zahlentabellen erschweren. Durch das „unkontrollierte" Umschalten zwischen den verschiedenen Zahlenformaten stehen nämlich unter Umständen die Stellenwerte der tabellarisch auszugebenden Zahlen nicht mehr untereinander. Einige BASIC-Versionen verfügen über den PRINT-USING-Befehl, der die Angabe von Zahlenformaten erlaubt. In diesem Fall kann der Programmierer das Zahlenformat für die Ausgabe frei wählen. Auf die Anwendung dieses Befehls wird im Lehrbuch für Fortgeschrittene näher eingegangen.

3.6 BASIC-Kommandos

In Abschnitt 1.2.3 wurde das Betriebssystem CP/M kurz vorgestellt. Neben den dort aufgeführten Kommandos beinhaltet das Betriebssystem noch Kommandos, die den Start eines Programms bewerkstelligen, das Programm auflisten und Anweisungen eines Programms löschen. In Abb. 3/4 sind diese Kommandos zusammengefaßt.

Kommando	Bedeutung
LIST	erstellt eine Programmliste
DELETE	löscht Anweisungen
RUN	startet das Programm

Abb. 3/4. BASIC-Kommandos

Ein Kommando kann durch Angabe von Parametern näher beschrieben werden. Diese Parameter werden hinter dem Kommando angegeben und bedeuten im einzelnen folgendes:

Beispiel	Bedeutung
LIST	listet das gesamte Programm
LIST 20	listet nur die Anweisung mit der Nr. 20
LIST 20–100	listet die Anweisungen, deren Nummern im Bereich zwischen 20 und 100 liegen
DELETE 41	löscht die Anweisung mit der Nr. 41
DELETE 50–79	löscht die Anweisungen, deren Nummern im Bereich zwischen 50 und 79 liegen
RUN	startet das Programm beginnend mit der Anweisung, die die niedrigste Anweisungsnummer trägt
RUN 40	startet das Programm beginnend mit der Anweisungsnummer 40

3.7 Zusammenfassung

Mit der INPUT-Anweisung können Daten über die Tastatur eingegeben, mit der PRINT-Anweisung Daten auf dem Bildschirm ausgegeben werden. Das Bild der Ausgabedaten kann durch die TAB-Funktion und durch die Separationszeichen Komma und Semikolon gesteuert werden. Die REM-Anweisung (engl. remark) gestattet es, ein Programm zu kommentieren.

3.8 Übungsaufgaben

3/1 Was ist hier falsch?

a) INPUT A1X,B
b) INPUT B, C + D, Y
c) INPUT "WERT EINGEBEN" W
d) INPUT TAB (4) A; TAB (10) B
e) INPUT A, B; C
f) PRINT Y, "ERGEBNIS, Z
g) PRINT TAB (X * (D + C) AB
h) PRINT D, C, A + B / C * D; TAB X

3/2 Welchen Ausdruck erzeugt das folgende Programm?

```
10   A = 1.2 : B = 4 : C = 500
20   PRINT 4,A, B ; C
30   PRINT "WERT" 4 "+" ; A, "ERGIBT"; A + 4
40   PRINT TAB (3) A; TAB (8) B; TAB (B) ; C
50   END
```

3/3 Der Widerstand R (Ω) eines Drahtes der Länge l (m) und des Querschnittes F (mm^2) ist

$$R = \varrho \cdot \frac{l}{F}$$

Der spezifische Widerstand ϱ beträgt für Kupfer 0.0017 Ω mm^2/m. Schreiben Sie ein Programm zur Berechnung des Widerstandes von Kupferdrähten verschiedener Längen und Querschnitte!

3/4 Stellen Sie folgende Zahlen im BASIC-Zahlenformat dar:

a) + 123
b) 0.46
c) 0.000046
d) 1245678931
e) 0.124E2
f) 54.8E−1
g) 123.180

Lektion 4. Unterprogramme I

Lernziele

– *Anwendungsmöglichkeiten der Standardfunktionen*
– *Standardfunktionen:*
  ABS, ATN, COS, SIN, TAN, EXP, SQR, LOG, SGN, INT, RND

4.1 Standardfunktionen

In der Mathematik gibt es viele Funktionen, die nahezu in jedem wissenschaftlich-technischen Programm benötigt werden. Solche Funktionen sind beispielsweise die Logarithmus-, Sinus-, Tangens- oder die Exponentialfunktion. BASIC stellt die wichtigsten mathematischen Funktionen zur Verfügung, so daß sie in einem Programm direkt aufgerufen werden können.

Syntax

```
funkname (argumentenliste)
funkname              = Name der Funktion
argumentenliste       = Liste der Argumente.
                        Als Argumente sind Konstanten, Variablen, arith-
                        metische  Ausdrücke und weitere Funktionsaufrufe
                        zulässig.
```

Semantik

Eine Standardfunktion wird durch Angabe des Funktionsnamens aufgerufen. Die Berechnung der Funktion erfolgt mit den in der Argumentenliste aufgeführten Werten.

Beispiele

```
SIN   (1.4)
COS   (A + B)
SGN   (X)
ABS   (Y)
SQR   (ABS(Y))
```

Der Aufruf einer Funktion erfolgt durch Angabe des Funktionsnamens. Der Funktionsname ist festgelegt und kann für die in BASIC üblicherweise zur Verfügung stehenden Standardfunktionen der Abb. 4/1 entnommen werden.
Die verschiedenen BASIC-Versionen können über eine unterschiedliche Anzahl von Standardfunktionen verfügen. Eine große Auswahl erhöht den Programmierkomfort beträchtlich.
Die Argumente einer Funktion werden hinter den Funktionsnamen in Klammern angegeben. Argumente sind die Werte, mit denen der Funktionswert berechnet werden soll. Eine Funktion muß daher immer mindestens ein Argument haben.

Funktion	Bedeutung
ABS (X)	Absolutbetrag des Ausdrucks X Beispiel: $ABS(4) = 4$, $ABS(-4) = 4$
ATN (X)	Arkustangens von X (Ergebnis im Bogenmaß)
COS (X)	Kosinus von X (X = Winkel im Bogenmaß)
SIN (X)	Sinus von X (X = Winkel im Bogenmaß)
TAN (X)	Tangens von X (X = Winkel im Bogenmaß)
EXP (X)	berechnet den Wert der e-Funktion für X Beispiel: $EXP(2) = e^2 = 2.718^2 = 7.386$
SQR (X)	Quadratwurzel von X (X > =0)
LOG (X)	Natürlicher Logarithmus von X (X > 0) (Der natürliche Logarithmus ist der Logarithmus zur Basis e)
SGN (X)	Signum (Vorzeichen)-Funktion Für $X > 0$ gilt $SGN(X) = 1$; für $X = 0$ gilt $SGN(X) = 0$ und für $X < 0$ gilt $SGN(X) = -1$ Beispiele: $SGN(-801.2) = -1$, $SGN(5) = 1$
INT (X)	ganzzahliger Anteil von X. X wird nicht gerundet, es werden nur die Nachkommastellen von X abgeschnitten! Beispiele: $INT(0.31) = 0$, $INT(4.2) = 4$ $INT(-5.9) = -5$, $INT(4.8) = 4$
RND (X)	gibt eine Zufallszahl, zwischen 0 und 1 aus. Mit Hilfe dieser Funktion lassen sich beliebige Zufallszahlenwerte erzeugen, die für die Programmierung von Spielprogrammen oder für die Simulation von stochastischen Prozessen von Bedeutung sind. Beispiel: $RND(0) = 0.123$ Bei $X > = 0$ wird eine neue Folge von Zufallszahlen gestartet. Folgen, die mit derselben negativen Zahl X gestartet werden, liefern dieselben Zufallszahlen. Bei $X < 0$ wird die nächste Zufallszahl der Folge, bei $X = 0$ jeweils wieder die letzte erzeugte Zufallszahl ausgegeben.

Abb. 4/1. BASIC-Standardfunktionen

Als Argumente sind Konstanten, Variablen und Ausdrücke zulässig. Letztere
können dabei wieder einen Funktionsaufruf enthalten.
Eine Funktion kann in einer Wertzuweisung rechts des Zuweisungssymbols allein
stehen oder in einem Ausdruck vorkommen.

Beispiele:

1. Y = SQR (9)
   Es wird die Wurzel aus der Zahl 9 gezogen. Das Ergebnis wird anschließend
   auf den Speicherplatz mit dem Namen Y gebracht. Der Speicherplatz Y
   enthält also nach Ausführung dieser Anweisung die Zahl 3.

2. Z = ABS (D) + SIN (A)
   Der Absolutbetrag des Speicherinhalts von D und der Sinus des Speicherinhalts von A werden berechnet. Beide Werte werden addiert und das Ergebnis
   auf den Speicherplatz mit dem Namen Z gebracht.

3. R = SQR (ABS(W))
   Als Argument ist auch der Aufruf einer Funktion zulässig. Hier wird erst der
   Absolutbetrag des Speicherinhalts von W gebildet, bevor die Wurzel berech-
   net wird.

4.2 Zusammenfassung

BASIC stellt eine Reihe mathematischer Funktionen als Standardfunktionen
bereit. Diese Standardfunktionen können in einem BASIC-Programm direkt
aufgerufen werden und in Ausdrücke einer Wertzuweisung eingebaut werden.
Als Argumente einer Standardfunktion sind Konstanten, Variablen und Ausdrücke zulässig. Die Ausdrücke können Funktionsaufrufe enthalten.

4.3 Übungsaufgaben

4/1 Schreiben Sie ein Programm, welches einen Winkel im Gradmaß einliest und
den Cosinus des Winkels ausgibt!
4/2 Schreiben Sie ein Programm, welches den dekadischen Logarithmus einer
Zahl bestimmt!
4/3 Bestimmen Sie auf mehrere Arten den Absolutwert einer Zahl!
4/4 Wie muß der Ausdruck geschrieben werden, der für ein Würfelspiel Zufallszahlen zwischen 1 und 6 erzeugt?
4/5 Wie muß der Ausdruck geschrieben werden, der Zufallszahlen zwischen A
und B erzeugt! (A und B sind beliebige Festkomma-Konstanten.)
4/6 Schreiben Sie ein Programm, welches die Quersumme einer dreistelligen
Festkommazahl berechnet!

4/7 Schreiben Sie ein Programm, welches den Rest bei der ganzzahligen Division
bestimmt!
Beispiel: 14:5 = 2 Rest 4

4/8 Schreiben Sie ein Programm, welches eine positive Gleitkommazahl auf zwei
Stellen nach dem Komma rundet!
Beispiel: 4.832   gerundet 4.83
         158.27718 gerundet 158.28

4/9 Schreiben Sie ein Programm, welches die Stelligkeit von Festkommazahlen
ermittelt!

Beispiele:

Festkommazahl	Stelligkeit
1051	4
2	1
− 28	2

Lektion 5. Steueranweisungen

Lernziele

- *GOTO   unbedingter Sprung*
- *IF ... THEN bedingter Sprung*
- *ON ... GOTO berechneter Sprung*
- *Vergleichsoperatoren*
   = , < >   gleich, ungleich
   < , >   kleiner als, größer als
   < = , > = kleiner gleich, größer gleich
- *logische Operatoren*
   AND logisches UND (Konjunktion)
   OR   logisches ODER (Disjunktion)
   NOT logische Verneinung (Negation)

5.1 GOTO unbedingter Sprung

Bei der Ausführung eines Programms werden die Anweisungen, beginnend mit der ersten, in der programmierten Reihenfolge abgearbeitet. Es gibt aber auch Problemlösungen, die eine Unterbrechung dieser linearen Abfolge der einzelnen Anweisungen erfordern. Deshalb werden Steueranweisungen benötigt, die es ermöglichen, den Ablauf eines Programms zu dirigieren.

Um zum richtigen Verständnis für den Sinn der Steueranweisungen zu gelangen, soll von einer sehr einfachen Problemstellung ausgegangen werden. Wir wollen uns einmal die Folge der natürlichen Zahlen ansehen:

$$1, 2, 3, 4, 5, 6, 7, 8, 9 \ldots$$

Es soll ein Programm geschrieben werden, welches die Glieder dieser Folge nacheinander ausdruckt. Zu diesem Zweck können wir einen Speicherplatz I mit einem Startwert 1 initialisieren und in jedem weiteren Programmschritt um den Wert 1 erhöhen. Das Programm 5/1 zeigt diese Befehlsfolge. Dieses Programm hätte aber eine unendliche Anzahl von Anweisungen und wäre somit keine geschlossene Lösung des gestellten Problems. Zur geschlossenen Lösung muß vielmehr das Bildungsgesetz der Folge herangezogen werden. Dazu ist die Formulierung der sich immer wiederholenden Anweisungen in einer „Schleife" notwendig. Zum Aufbau der hier geforderten „endlosen Schleife" kann der unbedingte Sprungbefehl GOTO benutzt werden.

```
10   I = 1
20   PRINT I
30   I = I + 1
40   PRINT I
50   I = I + 1
60   PRINT I
70   I = I + 1
     . . .

     . . .
```

Programm 5/1

Syntax

```
GOTO n
n = Anweisungsnummer (Sprungziel)
```

Semantik

Die Ausführung des Programms wird bei der Anweisung mit der angegebenen Anweisungsnummer fortgesetzt.

Beispiel

```
GOTO 3
GOTO 415
```

Trifft der Rechner bei der Ausführung eines Programms auf den GOTO-Befehl, so wird die Ausführung des Programms bei der Anweisung fortgesetzt, deren Anweisungsnummer in dem GOTO-Befehl angegeben ist. Diese Anweisungsnummer darf nur als positive Konstante angegeben werden. Variablen oder arithmetische Ausdrücke sind nicht erlaubt! Da der Sprung zu der Anweisung mit der angegebenen Anweisungsnummer in jedem Fall durchgeführt wird, also nicht von irgendeiner Bedingung abhängt, wird dieser Sprungbefehl auch unbedingter Sprung genannt.

Mit Hilfe der GOTO-Anweisung läßt sich das Programm 5/1 jetzt folgendermaßen formulieren:

```
10   I = 1
20   PRINT I      ⌐
30   I = I + 1     ├ Schleife
40   GOTO 20      ⌐┘
50   END
```

Programm 5/2

Führen Sie den Schreibtischtest für das Programm 5/2 durch! Sämtliche natürlichen Zahlen werden – beginnend mit 1 – ausgedruckt. Richtige Werte werden aber nur solange ausgegeben, wie der Wertebereich für die jeweilige Zahlendarstellung nicht überschritten wird (s. Lektion 1). Bei Überschreitung des Wertebereichs liefert das Programm keine richtigen Resultate mehr, läuft aber unendlich lange weiter, da das logische Programmende END niemals erreicht werden kann!

5.2 IF ... THEN   bedingter Sprung
$=, <>, <, >, <=, >=$ Vergleichsoperatoren

Das in Abschnitt 5.1 besprochene Problem ist prinzipiell nicht lösbar, da die Aufgabenstellung nicht enthält, wieviele Glieder der Folge der natürlichen Zahlen ausgedruckt werden sollen.
Die Lösung eines Problems durch eine elektronische Datenverarbeitungsanlage muß nämlich zwei Voraussetzungen genügen:

- statische Endlichkeit
- dynamische Endlichkeit

Ist auch nur eine dieser beiden Voraussetzungen nicht erfüllt, so ist das Problem durch eine EDV-Anlage nicht lösbar!
Unter der statischen Endlichkeit versteht man einen endlichen Speicherplatzbedarf eines Programms. Wie bereits in Lektion 1 und 2 gezeigt, werden die einzelnen Befehle eines Programms im Hauptspeicher abgelegt. Das Programm 5/1 besteht aber aus einer unendlichen Anzahl von Anweisungen, benötigt also einen unendlich großen Speicherplatz. Damit besitzt dieses Programm keine statische Endlichkeit.
Das Programm 5/2 benötigt dagegen einen endlich großen Speicherplatz. Diese Speicherplatzreduzierung wurde durch die Formulierung einer Schleife durch den GOTO-Befehl erreicht. Der Realisierung dieses Programms steht aber entgegen, daß es keine dynamische Endlichkeit besitzt. Unter dynamischer Endlichkeit versteht man, daß die benötigte Rechenzeit für die Ausführung eines Programms nicht unendlich groß wird und damit die Terminierung (Beendigung) eines Programms sichergestellt ist. Das logische Ende des Programms 5/2 wird niemals erreicht; das Programm läuft in einer „Endlosschleife" unendlich lange weiter.
Die statische und dynamische Endlichkeit sind hier nur von der theoretischen Seite beleuchtet worden. Man unterscheidet zwischen praktischer und theoretischer Endlichkeit. Während der theoretischen Endlichkeit prinzipielle Überlegungen zugrunde liegen, orientiert sich die praktische Endlichkeit an der Leistungsfähigkeit und den technisch realisierten Möglichkeiten eines Computers. So ist die praktische statische Endlichkeit durch die Begrenzung des Arbeitsspeichers, die praktische dynamische Endlichkeit durch eine noch zu vertretende Rechenzeit gegeben. Man darf dabei nicht vergessen, daß jede Rechenanlage

Ausfallzeiten durch Wartung, Reparatur etc. hat, und daß dadurch ein Programmablauf unterbrochen wird.

Um die statische und dynamische Endlichkeit für unsere Problemstellung zu erreichen, soll der Ausdruck auf fünf Glieder der Folge der natürlichen Zahlen beschränkt werden. Für die Formulierung dieses Programms benötigt man einen Sprungbefehl, der nicht in jedem Fall den Programmfluß zu der angegebenen Anweisung verzweigt, sondern nur bei Eintreten einer Bedingung umdirigiert. Deshalb heißt dieser Sprung auch bedingter Sprung.

Syntax

IF b THEN a
b = logischer Ausdruck, Bedingung
a = Anweisung oder Anweisungsnummer

Semantik

Die Ausführung einer Anweisung oder der Sprung zu einer Anweisung kann in Abhängigkeit vom Wert eines logischen Ausdrucks gesteuert werden. Hat der logische Ausdruck den Wert „true", wird der hinter THEN angegebene Ausdruck durchgeführt; ist der Wert des logischen Ausdruck jedoch „false", fährt der Rechner mit der Anweisung fort, deren Anweisungsnummer direkt auf die Anweisungsnummer der betreffenden IF-Anweisung folgt.

Beispiele

---

1. IF A = 5 THEN 20
2. IF A = 5 THEN GOTO 20
3. IF A = B + C THEN PRINT "OK"
4. IF X > = Y * SIN (Z + A) THEN D = COS (X) : A8 = 15 * B
5. IF D < > 8 THEN 30

Bevor näher auf diesen Befehl eingegangen wird, muß erst noch der Begriff „logischer Ausdruck" geklärt werden.

Einen logischen Ausdruck erhält man, indem man einem Subjekt oder einem Objekt eine bestimmte Eigenschaft zuschreibt. Beispiele hierfür:

1. Die Zahl 7 ist eine Primzahl.
2. Der Mond ist ein Planet.
3. BASIC ist eine maschinenorientierte Progammiersprache.
4. Die Zahl 8 ist kleiner als die Zahl 5.
5. Die Zahl 15 ist eine positive Zahl.

Im Gegensatz zu einem arithmetischen Ausdruck, der je nach numerischem Wert der einzelnen Variablen beliebig viele numerische Werte annehmen kann, kann ein logischer Ausdruck nur einen von zwei möglichen Werten annehmen. Diese

beiden Werte sind „wahr" oder „falsch". Anstelle von „wahr" werden auch die Bezeichnungen „w", „true", „t", „I" und anstelle von „falsch" die Bezeichnungen „f", „false", „O" benutzt.
Die Werte der logischen Aussagen in den vorhergenannten Beispielen sind:

1. true
2. false
3. false
4. false
5. true

Bei dem bedingten Sprungbefehl muß als Bedingung ein logischer Ausdruck angegeben werden. Logische Ausdrücke werden auch Boolesche Ausdrücke genannt. Bei der Formulierung des logischen Ausdrucks wollen wir uns zunächst auf die Vergleichsoperatoren beschränken. Durch Vergleichsoperatoren kann der numerische Wert zweier Konstanten, Variablen oder arithmetischer Ausdrücke miteinander verglichen werden. BASIC erlaubt die Anwendung der in der Mathematik üblichen Vergleichsoperatoren. In Abb. 5/1 sind alle in BASIC verfügbaren Vergleichsoperatoren aufgeführt.

Operator	Bedeutung	mathematisches Symbol
$=$	gleich	$=$
$< >$	ungleich	$\neq$
$>$	größer als	$>$
$<$	kleiner als	$<$
$> =$	größer gleich	$\geq$
$< =$	kleiner gleich	$\leq$

Abb. 5/1. BASIC-Vergleichsoperatoren

Der mit Vergleichsoperatoren formulierte logische Ausdruck kann mit der IF-Anweisung auf seinen logischen Wert hin abgefragt werden. Nach dem Schlüsselwort IF muß die Bedingung, der logische Ausdruck, angegeben werden. Hinter dem Schlüsselwort THEN kann entweder nur eine Anweisungsnummer oder eine beliebige andere BASIC-Anweisung stehen. Wenn keine Zeilennummer angegeben ist, können weitere BASIC-Anweisungen folgen, die durch einen Doppelpunkt voneinander getrennt sein müssen (s. Abschn. 3.4). Es gibt einige BASIC-Versionen, die lediglich die Angabe einer Anweisungsnummer oder die Angabe nur eines BASIC-Befehls und nicht einer Befehlsfolge erlauben!
Hat der logische Ausdruck den Wert „true", werden die hinter THEN angegebenen Anweisungen ausgeführt. Nach der Bearbeitung dieser Anweisungen wird das Programm mit der auf die IF-THEN-Anweisung folgenden Zeile fortgesetzt. Ist hinter THEN nur eine Anweisungsnummer als Sprungziel angegeben, so fährt der Rechner mit der Ausführung des Programms bei dieser Anweisung fort.

Die Anweisungen der Beispiele 1. und 2. haben demnach den gleichen Effekt. Wenn der logische Ausdruck den Wert „false" annimmt, werden die Anweisungen bzw. der Sprung nicht durchgeführt. Der Rechner setzt die Ausführung des Programms bei der auf die IF-THEN-Anweisung direkt folgenden Anweisung fort.

Beispiele:

IF A = 5 THEN 40 Wenn die Speicherzelle A den Wert 5 enthält, wird das Programm bei der Anweisung mit der Nummer 40 fortgesetzt.

IF A > B THEN I = I + 1 Wenn der Speicherplatz A einen größeren Wert als der Speicherplatz B enthält, wird der Inhalt des Speicherplatzes I um 1 erhöht.

Mit dem bedingten Sprungbefehl lassen sich die Programme 5/1 bzw. 5/2 jetzt folgendermaßen formulieren:

```
10   I = 1
20   PRINT I
30   I = I + 1
40   IF I < 6 THEN 20
50   END
```
Programm 5/3

Das Programm 5/3 druckt wie gefordert die ersten fünf Glieder der Folge der natürlichen Zahlen. Anstelle des unbedingten Sprungbefehls in Programm 5/2 steht jetzt der bedingte Sprungbefehl, der nur dann einen Rücksprung zur Anweisung mit der Nummer 20 bewirkt, wenn der Speicherplatz mit dem Namen I einen Wert kleiner als 6 enthält. Führen Sie den Schreibtischtest für dieses Programm durch! Anfänger programmieren dieses Problem meist in der in Programm 5/4 gezeigten Art:

```
10   I = 1
20   PRINT I
30   I = I + 1
40   IF I = 6 THEN 60
50   GOTO 20
60   END
```
Programm 5/4

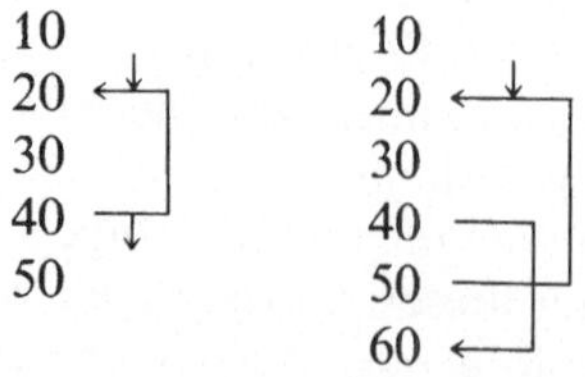

Programm 5/3   Programm 5/4

Abb. 5/2. Richtige und falsche Anwendung des bedingten Sprungbefehls

Es muß dringend davor gewarnt werden, sich einen derartigen Programmierstil anzugewöhnen. Durch eine unkontrollierte Verwendung des Sprungbefehls werden nämlich die Übersichtlichkeit und die Wartungsfreundlichkeit eines Programms stark beeinträchtigt. Die Abb. 5/2 verdeutlicht die klare Struktur des Programms 5/3 und die „verknoteten" unübersichtlichen Sprünge des Programms 5/4. Wenn Sie den Schreibtischtest für beide Programme durchführen, sehen Sie sofort, daß das Programm 5/3 eine kürzere Ausführungszeit benötigt als das Programm 5/4!

Mit Hilfe der bisher kennengelernten Anweisungen können schon eine ganze Reihe von Problemlösungen programmiert werden. Beispielhaft sollen hier vier Problemlösungen vorgeführt werden. Einige Übungsaufgaben dieser Lektion behandeln einen ähnlichen Problemkreis, so daß hier nachgelesen werden kann, um den Lösungsansatz zu finden.

Problem 1

In den Programmen 5/3 und 5/4 werden die ersten fünf Glieder der Folge der natürlichen Zahlen berechnet und ausgedruckt. Es soll jetzt die Summe der ersten fünf Glieder der arithmetischen Reihe $1 + 2 + 3 + 4 + 5 + 6 + 7 + \ldots$ berechnet und ausgedruckt werden.

Dazu gehen wir vom Programm 5/3 aus. Zusätzlich wird ein Speicherplatz mit dem Namen SU eingeführt, auf den jeweils die einzelnen Glieder der Reihe aufsummiert werden. Dieser Speicherplatz muß vor der Summenbildung auf Null gesetzt werden, da er sonst keinen definierten Startwert enthält. Führen Sie den Schreibtischtest für dieses Programm 5/5 durch!

```
10   I = 1
20   SU = 0
30   SU = SU + I
40   I = I + 1
50   IF I < 6 THEN 30
60   PRINT "SUMME = ";SU
70   END
```
Programm 5/5

Problem 2

Es soll der arithmetische Mittelwert einer bestimmten Anzahl von Zahlen berechnet und ausgedruckt werden. Der arithmetische Mittelwert errechnet sich aus der Summe der Zahlen dividiert durch die Anzahl der Zahlen. Die Anzahl der Zahlen wird eingelesen, so daß das Programm allgemein verwendbar ist und keine Festlegung auf eine bestimmte Anzahl gegeben ist.

Die Lösung ist derjenigen zum Problem 1 sehr ähnlich. Auch hier muß wieder die Summe von Zahlen ermittelt werden, nur daß jetzt die Zahlen eingelesen und nicht vom Programm selbst erzeugt werden.

```
10   INPUT "ANZAHL DER ZAHLEN "; NZ
20   SU = 0
30   IZ  = 1
40   PRINT IZ ;". ZAHL EINGEBEN ";
50   INPUT Z
60   SU = SU + Z
70   IZ  = IZ + 1
80   IF IZ < = NZ THEN 40
90   PRINT "MITTELWERT = ";SU/NZ
100  END
```

Programm 5/6

Dies Programm enthält eine Benutzerführung (s. Lektion 3). Jede Zahleneingabe ist ausführlich erläutert. Das Semikolon am Ende der Anweisung 40 verhindert einen Zeilenvorschub und bewirkt, daß die durch die folgende INPUT-Anweisung einzulesende Zahl direkt hinter dem Erläuterungstext eingetippt werden kann.

Problem 3

Beispielhaft für die Lösung einer ganzen Problemklasse soll hier noch einmal die Bedeutung des Programms zur Berechnung des Mittelwertes aufgegriffen werden. Im Programm 5/6 wurde vorausgesetzt, daß die Anzahl der zu verarbeitenden Zahlen bekannt ist. In der Praxis ist jedoch oft die Anzahl der zu verarbeitenden Daten nicht bekannt, und es bedeutet einen zu hohen Aufwand, diese Daten vor der Verarbeitung abzuzählen. Um dies Problem zu lösen, bedient man sich der Tatsache, daß Daten logisch zusammengehören und sich meistens deshalb bestimmte numerische Werte aus Plausibilitätsgründen verbieten. Man nutzt dann die Eingabe eines nicht plausiblen Wertes aus, um die Eingabe der Daten zu beenden, oder die Verarbeitung abzubrechen.

Als Beispiel soll die mittlere Jahrestemperatur der Stadt Dortmund aus gemessenen Temperaturwerten berechnet werden, die nacheinander durch die Eingabetastatur eingetippt werden sollen. Die Eingabe der Werte wird beendet, wenn ein Wert kleiner als -100 eingegeben wird. Da ein Temperaturwert kleiner als $-100\,°C$ wohl selbst im tiefsten Winter kaum denkbar ist, scheidet dieser Wert aus Plausibilitätsgründen aus und kann als Kriterium für die Beendigung der Eingabe dienen.

```
10   ST  = 0
20   NT = 0
30   INPUT T
40   IF T < - 100 THEN 80
50   ST  = ST + T
60   NT = NT + 1
70   GOTO 30
80   MT = ST / NT
90   PRINT "MITTLERE JAHRESTEMPERATUR ";MT
100  END
```

Programm 5/7

Das Programm 5/7 setzt voraus, daß mindestens ein gültiger Temperaturwert eingegeben wird! Da jetzt die Anzahl der Werte nicht bekannt ist, muß die Zählung der Werte vom Programm selbst vorgenommen werden; nach jeder Eingabe eines Wertes wird der Inhalt des Speicherplatzes NT um 1 erhöht. Auf eine Benutzerführung wurde bei diesem Programm verzichtet.

Problem 4
Als letzte Problemlösung wird ein kleines Programm vorgestellt, welches eine Zahl einliest und untersucht, ob diese Zahl negativ, Null oder positiv ist. Ist die Zahl negativ, wird die Meldung "ZAHL NEGATIV", ist sie Null, die Meldung "ZAHL NULL", und ist sie positiv, die Meldung "ZAHL POSITIV" ausgegeben. Das Programm 5/8 zeigt eine mögliche Version:

```
10   INPUT Z
20   IF Z < 0 THEN PRINT "ZAHL NEGATIV"
30   IF Z = 0 THEN PRINT "ZAHL NULL"
40   IF Z > 0 THEN PRINT "ZAHL POSITIV"
50   END
```
Programm 5/8

Das Programm stellt beispielhaft dar, wie der numerische Wert einer Variablen zur Steuerung von „Aktionen" benutzt werden kann. Die Aktionen sind hier die Ausgabe von Meldungen. Beschränkt man sich auf Aktionen, deren Programmierung nicht die Verwendung der Steueranweisungen IF ... THEN und GOTO benötigt, können diese Aktionen zu einer Anweisungsfolge zusammengefügt werden. Wie in Abschn. 3.4 (Lektion 3) erläutert, werden die einzelnen Anweisungen einer Anweisungsfolge durch Doppelpunkte voneinander getrennt. So könnte beispielsweise anstelle der PRINT-Anweisung in den Zeilen 20, 30 und 40 eine Anweisungsfolge stehen. Muß bei der Programmierung einer Aktion auf einzelne Anweisungen der zu dieser Aktion gehörenden Programmbefehle durch Steueranweisungen zugegriffen werden (s. Abschn. 3.4) oder erlaubt die verwendete BASIC-Version nicht die Programmierung von Steueranweisungen, stellt das Programm 5/9 eine mögliche Lösung dar.

```
 10   INPUT Z
 20   IF Z < 0 THEN 100
 30   IF Z = 0 THEN 200
 40   IF Z > 0 THEN 300
100   REM AKTIONEN FUER Z NEGATIV
110   PRINT "ZAHL NEGATIV"
120   END
200   REM AKTIONEN FUER Z NULL
210   PRINT "ZAHL NULL"
220   END
300   REM AKTIONEN FUER Z POSITIV
310   PRINT "ZAHL POSITIV"
320   END
```
Programm 5/9

Führen Sie Schreibtischtests für die Programme 5/5, 5/6, 5/7, 5/8 und 5/9 durch!
Die Übungsaufgaben enthalten zahlreiche Problemstellungen, an denen die Verwendung des bedingten und des unbedingten Sprungbefehls noch ausgiebig geübt werden kann. Die obigen Programme bieten dabei Anregungen für den Lösungsweg!

5.3 AND, OR, NOT   logische Operatoren

Im vorigen Abschnitt wurde in Ergänzung zu den in Lektion 2 behandelten arithmetischen Ausdrücken der logische Ausdruck eingeführt. Ein logischer Ausdruck kann demnach durch Verknüpfung von Konstanten, Variablen oder arithmetischen Ausdrücken mit Vergleichsoperatoren gebildet werden.

Beispiele:

1. $W1 < 8$
2. $W2 < W1$
3. $K = (L + M) * N$
4. $K > = J$
5. $B * D < = 5.14$

Wir haben bisher die arithmetischen und die Vergleichsoperatoren kennengelernt. Es gibt noch eine dritte Art von Operatoren in BASIC, nämlich die logischen Operatoren. Ein logischer Operator wirkt auf einen logischen Ausdruck und verknüpft logische Ausdrücke miteinander. BASIC stellt drei logische Operatoren zur Verfügung:

1. Konjunktion AND

Die Konjunktion – das logische UND – verknüpft zwei logische Ausdrücke. Der logische Wert der so verknüpften Aussage ist abhängig von den logischen Werten der einzelnen Aussagen. Nur dann, wenn beide Aussagen den Wert „true" haben, ist das Ergebnis der mit AND verknüpften Aussagen auch „true". Ist nur eine der beiden Aussagen „false", dann hat auch die verknüpfte Aussage den Wert „false". Hiermit wird praktisch die umgangssprachliche Bedeutung des Wortes „und" wiedergegeben.

Beispiele:

1. IF $K = 1$ AND $L = 4$ THEN 33
2. IF $K = 1$ AND $L < B + C$ THEN $X = Y + 2$

Beim Beispiel 1. verzweigt das Programm nur dann zu der Anweisung mit der Nummer 33, falls auf dem Speicherplatz K die Zahl 1 und auf dem Speicherplatz

L die Zahl 4 steht. Trifft nur eine der beiden Aussagen nicht zu, wird der Sprung zur Anweisung mit der Nummer 33 nicht durchgeführt.

Das Gesamtergebnis der Verknüpfung zweier logischer Aussagen läßt sich durch eine sogenannte Wahrheitstabelle darstellen. Dabei werden die Kombinationen sämtlicher Werte für zwei logische Aussagen und das Ergebnis der Verknüpfung in einer Tabelle dargestellt. Diese Wahrheitstabelle sieht für den logischen Operator AND folgendermaßen aus:

Werte der logischen Aussagen A1 und A2		Wert der durch Verknüpfung mit dem Operator AND erhaltenen Aussage
A1	A2	
I	I	I
0	0	0
I	0	0
0	I	0

Diese Tabelle läßt sich auch so kürzer beschreiben:

A1 \ A2	0	I
0	0	0
I	0	I

Spielen Sie die verschiedenen Möglichkeiten mit den beiden logischen Aussagen des Beispiels 1. durch!

A1 entspricht K = 1
A2 entspricht L = 4

2. Disjunktion OR

Dieser Operator bezeichnet das logische ODER. Das Gesamtergebnis ist „true", wenn mindestens eine der beiden logischen Aussagen den Wert „true" hat. Die Wahrheitstabelle läßt sich so darstellen:

A1 \ A2	0	I
0	0	I
I	I	I

3. Negation NOT

Wie bei den arithmetischen Operatoren gibt es bei den logischen Operatoren monadische und dyadische Operatoren. Monadische Operatoren ($-$ oder $+$) können auch auf eine einzige Aussage wirken, während dyadische Operatoren ($*$ oder $/$) immer nur zwei Aussagen miteinander verknüpfen können. Die logischen Operatoren AND und OR sind dyadische Operatoren; der Operator NOT hingegen ist ein monadischer Operator. Er negiert den Wert einer logischen Aussage, d.h. der Wert wird „true", wenn er vor Anwendung des Operators NOT „false" war und umgekehrt.

Beispiel:

IF NOT (K = 4) THEN 33

Der Sprung zur Anweisung 33 wird dann durchgeführt, wenn der Speicherplatz K einen Wert enthält, der ungleich 4 ist; die logische Aussage „K = 4" wird verneint (negiert). Man hätte die Anweisung somit auch formulieren können:

IF K < > 4 THEN GOTO 33

BASIC-Versionen mit erweitertem Sprungumfang kennen noch weitere logische Operatoren wie die Äquivalenzfunktion, das exklusive ODER (XOR, Antivalenzfunktion) oder die Implikation. Auf diese Operatoren wird im Band für Fortgeschrittene näher eingegangen.

Nachdem wir unsere Kenntnisse über Operatoren vervollständigt haben, müssen abschließend noch die Prioritäten der Operatoren festgelegt werden. Wie bereits in Lektion 2 erläutert, können die festgelegten Prioritäten durch Klammersetzen geändert werden.

Abbildung 5/3 gibt eine Übersicht über sämtliche Operatoren mit deren BASIC-Symbol, Bedeutung, Priorität und Typ. Für den Typ wurden die Abkürzungen A für arithmetische-, V für Vergleichs- und L für logische Operatoren benutzt. Als ein Anwendungsbeispiel für logische Operatoren soll ein kleines Programm besprochen werden, welches prüft, ob eine Zahl in einem bestimmten Bereich liegt. Nur dann, wenn die eingetippte Zahl zwischen 6 und 10 liegt, wird die Meldung „zulässige Zahl" ausgegeben. Solch eine Fragestellung ist sowohl im kommerziellen als auch im technischen Bereich gleichermaßen von Bedeutung, um z.B. eine Preiskalkulation durchzuführen oder zu prüfen, ob ein Meßwert innerhalb einer vorgegebenen Toleranz liegt. Das Programm 5/10 zeigt eine mögliche Lösung ohne Anwendung der log. Operatoren. Vereinfachen Sie das Programm unter Verwendung logischer Operatoren!

```
10    INPUT Z
15    IF Z > 10 THEN 30
20    IF Z > = 6 THEN PRINT "ZULAESSIGE ZAHL"
30    END
```
Programm 5/10

BASIC-Symbol	Bedeutung	Priorität	Typ
↑ oder ∗∗	Potenzierung	1	A
∗	Multiplikation	2	A
/	Division	2	A
+	Addition	3	A
−	Subtraktion	3	A
=	gleich	4	V
< >	ungleich	4	V
<	kleiner als	4	V
>	größer als	4	V
< =	kleiner gleich	4	V
> =	größer gleich	4	V
NOT	Negation	5	L
AND	Konjunktion	6	L
OR	Disjunktion	7	L

Abb. 5/3. BASIC-Operatoren

Sollen mehr Aktionen als nur die Ausgabe einer Meldung programmiert werden, ist folgende Version des Programms vorteilhaft (siehe auch Programme 5/8 und 5/9):

```
10   INPUT Z
20   IF NOT (Z > = 6 AND Z < = 10) THEN 60
30   REM START DER AUSZUFUEHRENDEN AKTIONEN
40   PRINT "ZULAESSIGE ZAHL"
50   REM ENDE DER AKTIONEN
60   END
```

Programm 5/11

Das Programm 5/11 erlaubt die Durchführung beliebiger Aktionen in Abhängigkeit von der geforderten Bedingung. Bei dem Programm 5/8 hingegen ist man auf die hinter THEN durch einen Doppelpunkt zu trennenden zulässigen Anweisungen beschränkt.
Einige BASIC-Versionen gestatten nicht die Verwendung von logischen Operatoren. In diesem Falle müssen sie simuliert werden. Dies ist auf mehrere Arten möglich. Die Programme 5/10, 5/12 und 5/13 zeigen beispielhaft die Simulation des logischen Operators AND durch geschachtelte IF-Abfragen. Die Programme 5/10, 5/11, 5/12 und 5/13 stellen gleichberechtigte Lösungen für das oben beschriebene Problem dar. Der Leser sollte bei den Übungsaufgaben versuchen, mehrere Programmversionen als Lösung anzubieten. Nur durch diese ständige Übung kann man einen Überblick bekommen und in einer Sprache nicht nur programmieren, sondern sie auch beherrschen!

```
10   INPUT Z
20   IF Z > = 6 THEN IF Z < = 10 THEN PRINT "ZULAESSIGE ZAHL"
30   END
```
Programm 5/12


```
10   INPUT Z
20   IF Z < 6 THEN 50
30   IF Z > 10 THEN 50
40   PRINT "ZULAESSIGE ZAHL"
50   END
```
Programm 5/13

5.4 ON ... GOTO   berechneter Sprung

Außer den bisher beschriebenen Sprungbefehlen steht in BASIC noch der berechnete Sprung zur Verfügung. Der berechnete Sprung wird oft auch als Mehrfachauswahl bezeichnet, was bedeutet, daß mehrere Anweisungen als Sprungziel angegeben werden können.

Syntax

```
ON s GOTO n_1, n_2, n_3, ... n_z
s = Selektor
n_1 ... n_z = Anweisungsnummern
```

Semantik

In Abhängigkeit von einem Selektor (Steuerwert) wird das Programm bei der Anweisung fortgesetzt, deren Nummer in einer Liste von Anweisungsnummern an der Stelle steht, die dem ganzzahligen Wert des Selektors entspricht.

Beispiele

```
ON K GOTO 5, 10, 21, 1, 8
ON K + 7 GOTO 1, 10, 20, 50, 8, 10, 1, 10
ON K * (B − 8 / Y) GOTO 10, 11
ON ABS (X + Y) GOTO 1, 20, 25
```

Beim berechneten Sprung ist eine Liste von Anweisungsnummern als Sprungziele angegeben, bei denen das Programm nach Ausführung dieser Anweisung fortgesetzt wird. Die Auswahl des Sprungzieles erfolgt durch einen Selektor. Dieser

Selektor kann eine Variable oder ein arithmetischer Ausdruck sein. Der berechnete Sprung bewirkt, daß die Anweisungsnummer als Sprungziel dient, die in der Liste der Anweisungsnummern an der Stelle steht, die dem ganzzahligen Wert des Selektors entspricht.

Die Anzahl der in der ON ... GOTO-Anweisung genannten Anweisungsnummern wird nur durch die Länge einer logischen Zeile (meistens 255 Zeichen) begrenzt. Wenn der ganzzahlige Wert des Selektors negativ, Null oder größer als die Anzahl der aufgeführten Anweisungsnummern ist, wird die Ausführung des Programms bei der auf die ON ... GOTO-Anweisung folgenden Anweisung fortgesetzt.

Der berechnete Sprung erlaubt den Sprung zu einer Anweisungsnummer, wobei diese Anweisungsnummer erst während der Programmlaufzeit aufgrund von Berechnungen ausgewählt wird.

Beispiel:

```
 10   A = 1.7 : B = 2.8
 20   ON A + B GOTO 100 , 80 , 70 , 210 , 32
      . . .
1000  END
```

Die Summe von A und B ist 4.5; der ganzzahlige Anteil der Summe 4. Die Ausführung der berechneten Sprunganweisung bewirkt folglich einen Sprung zur Anweisung 210, da diese Anweisungsnummer an vierter Stelle in der Liste steht. Als Programmbeispiel soll folgende Aufgabe gelöst werden: Zwei Zahlen werden durch ein Programm eingelesen. Diese beiden Zahlen sollen durch eine der vier Grundrechnungsarten miteinander verknüpft werden. Dazu wird eine Kennziffer eingelesen, deren Wert die Verknüpfung bestimmt: 1 für die Addition, 2 für die Subtraktion, 3 für die Multiplikation und 4 für die Division. Das Ergebnis der Rechnung soll ausgedruckt werden.

```
 10   INPUT "KENNZIFFER EINGEBEN ";KZ
 20   INPUT "ZWEI ZAHLEN EINGEBEN ";Z1 , Z2
 30   ON KZ GOTO 40 , 60 , 80 , 100
 40   PRINT "SUMME = ";Z1 + Z2
 50   END
 60   PRINT "DIFFERENZ = ";Z1 − Z2
 70   END
 80   PRINT "PRODUKT = ";Z1 ∗ Z2
 90   END
100   PRINT "QUOTIENT = ";Z1/Z2
110   END
```

Programm 5/14

Das Programm 5/14 hat vier logische Enden. Das logische Ende für den Programmteil zur Bestimmung des Quotienten (Anweisung 110) fällt mit dem physikalischen Ende des Programms zusammen. Der Befehl END nach den

Programmteilen für die einzelnen Grundrechnungsarten ist bei dieser Programmversion unbedingt notwendig! Würden nämlich die ersten END-Befehle weggelassen, lieferte das Programm nur für Kennziffer 4 das geforderte Ergebnis (Schreibtischtest!).

Mit dem berechneten Sprungbefehl läßt sich das Programm 5/9 eleganter formulieren. Durch Verwendung der SGN-Funktion (Lektion 4, Abb. 4/1) kann ein Selektor formuliert werden, der die Werte 1, 2 oder 3 annimmt, je nachdem ob die eingegebene Zahl negativ, Null oder positiv ist. Das Programm ist in 5/15 dargestellt.

```
 10   INPUT Z
 20   ON SGN (Z) + 2 GOTO 100 , 200 , 300
100   REM AKTIONEN FÜR Z NEGATIV
110   PRINT "ZAHL NEGATIV"
120   END
200   REM AKTIONEN FÜR Z NULL
210   PRINT "ZAHL NULL"
220   END
300   REM AKTIONEN FÜR Z POSITIV
310   PRINT "ZAHL POSITIV"
320   END
```
Programm 5/15

5.5 Zusammenfassung

In einem BASIC-Programm werden die Anweisungen nacheinander in der programmierten Reihenfolge ausgeführt. Dieser lineare Ablauf kann durch Steueranweisungen verändert werden. Es gibt verschiedene Steueranweisungen: den unbedingten Sprung, den bedingten Sprung und den berechneten Sprung. Bei der unbedingten Sprunganweisung wird der Sprung zu der angegebenen Anweisung in jedem Fall durchgeführt, während bei der bedingten Sprunganweisung nur dann ein Sprung erfolgt, wenn die gegebene Bedingung erfüllt ist. Der berechnete Sprung, auch Mehrfachauswahl genannt, erlaubt die Auswahl zwischen mehreren gegebenen Sprungzielen durch einen Selektor. Die in BASIC verfügbaren Operatoren lassen sich in arithmetische-, logische- und Vergleichsoperatoren einteilen. Die Reihenfolge der Ausführung der Operatoren ist durch die Prioritäten, die Vorrangregeln, festgelegt.

5.6 Übungsaufgaben

5/1 Was ist hier falsch?

```
a) IF A = B THEN 20 : Y = Z + D
b) IF A < 7 AND  > 4 THEN 40
c) IF A = 67 GOTO 410
```

d) ON X THEN 10, 20, 35
e) ON Z GOTO A, B, C
f) IF ABS (SIN (Z) < 0.2 THEN PRINT D7
g) IF SGN (B) THEN 20
h) IF Z + 5 = D ∗ Y9 THEN Z = D + Y9 PRINT "OK"

5/2 Erkennen Sie die Bildungsgesetze der arithmetischen Reihen und schreiben
Sie ein Programm zur Berechnung der Summen der ersten 10 Glieder jeder
Reihe:

a) $1 + 4 + 9 + 16 + \ldots$
b) $-1 + 4 + 1 + 6 + 3 + 8 + 5 + \ldots$
c) $3 + 6 + 9 + 12 + 15 + 18 + \ldots$
d) $0 + 2 + 6 + 12 + 20 + 30 + \ldots$
e) $0 + 1 + 1 + 2 + 3 + 5 + 8 + 13 + \ldots$

Hinweise zur Lösung finden Sie in den Programmbeispielen 5/5, 5/6 und 5/7!

5/3 Welches Guthaben würde man erreichen, wenn man 1 Pfennig bei Christi
Geburt auf einer Bank bei einem Zinssatz von 3% angelegt hätte?
Das Problem aus der Zinseszinsberechnung läßt sich ohne Kenntnis der
entsprechenden mathematischen Formel durch eine arithmetische Reihe lösen! Es müssen jeweils die Zinsen für das laufende Jahr berechnet und anschließend dem Kapital zugeschlagen werden. So ergibt sich das „neue"
Kapital, welches die Grundlage für die Berechnung der Zinsen für das nächste Jahr bildet.

5/4 Schreiben Sie unter Verwendung des bedingten Sprungbefehls ein Programm, welches den Absolutwert einer Zahl bestimmt! Die Standardfunktion ABS daf nicht verwendet werden.

5/5 Schreiben Sie ein Programm, welches eine positive oder negative Gleitkommazahl auf zwei Stellen nach dem Komma rundet! (s. Aufgabe 4/8)

5/6 Schreiben Sie ein Programm, welches die Quersumme einer beliebigen Festkommazahl berechnet! (s. Aufgabe 4/6)

5/7 Schreiben Sie ein Programm, welches den Rest bei der ganzzahligen Division
bestimmt! Es darf keine Standardfunktion verwendet werden! (s. Aufgabe
4/7)

5/8 Die Kennziffer für das Programm 5/14 muß in dem Bereich zwischen 1 und
4 liegen.

a) Wie läuft das Programm ab, falls eine ungültige Kennziffer eingegeben
wird?
b) Sichern Sie durch Verwendung einer IF-Anweisung einen eventuellen
Eingabefehler ab! Hat die eingegebene Kennziffer nicht die Werte 1, 2, 3
oder 4, soll die Meldung "FALSCHE KENNZIFFER" ausgegeben werden. Anschließend soll das Programm die Eingabe einer neuen Kennziffer erwarten!

5/9 Schreiben Sie ein Programm, das folgende Zahlenreihe ausdruckt:

1	1
2	2
3	3
4	1
5	2
6	3
7	1
...	...
17	2
18	3

Erkennen Sie das Bildungsgesetz!

5/10 Gegeben ist das Programm:

```
10  I = ?
20  SU = ?
30  I = I + ?
40  SU = SU + I
50  IF ? THEN ?
60  PRINT"SUMME = " ;SU
70  END
```

Dieses Programm soll wie das Programm 5/5 die Summe der ersten 5 Glieder der arithmetischen Reihe 1 + 2 + 3 + 4 + ... berechnen. Ergänzen Sie die durch ? gekennzeichneten Stellen in dem obigen Programm so, daß die gegebene Aufgabe erfüllt wird!

5/11 Gegeben ist folgendes Programmbruchstück:

```
...
100   IF A < B AND C > D THEN SU = 0.1
110   Z = D
...
200   IF NOT (A < 5.1) AND A < 8.1 THEN GOTO 220
210   ZA = 4.6
220   RE = 4.4 + B
...
1000  END
```

Einige BASIC-Versionen für Klein- und Hobbycomputer gestatten nicht die Verwendung von logischen Operatoren. Schreiben Sie das Programmstück entsprechend um!

5/12 Entwerfen Sie ein Modellprogramm für die Regelung der Klimatisierung Ihrer Wohnung! Die Zimmertemperatur soll eingelesen werden. Falls sie zwischen 18 und 21 °C liegt, wird die Meldung "TEMPERATUR OK" ausgedruckt. Liegt sie unter 18 °C soll die Meldung "HEIZEN", liegt sie über 21 °C, soll die Meldung "KÜHLEN" ausgegeben werden.

5/13 Gegeben ist folgendes Programmbruchstück:

```
...
100   IF A < 5.5 THEN 130
110   IF B > 7.1 THEN 130
120   X = 5.8
330   SU = 1.2
...
200   IF A = 5 THEN IF B = 9 THEN PRINT "OK"
210   X = Z
...
300   IF B < 0.22 THEN 320
310   A = 1.2 : GOTO 340
320   IF B > 0.1 THEN 340
330   A = 0.6
340   P = 0.22
...
400   IF I = 3 THEN 420
410   GOTO 450
420   IF I = - 5 THEN 440
430   GOTO 450
440   K = 44 / L
450   GX = 38.1
...
1000  END
```

Vereinfachen Sie das Programmstück unter Verwendung von logischen Operatoren AND, OR and NOT bei den IF-Anweisungen!

5/14 Die Speicherplätze enthalten folgende Werte:

$$K = 4 \quad L = 6 \quad M = 9 \quad N = 14 \quad I = - 3$$

Entscheiden Sie, bei welcher der folgenden Anwendungen der Sprung zu der Anweisung mit der Nummer 33 durchgeführt wird und bei welcher nicht:

```
a)  IF K = 4 AND L = 5 THEN 33
b)  IF K + 2 = 6 AND NOT (N = 14) THEN 33
c)  IF L < = 10 AND L > 5 THEN 33
d)  IF K = 4 OR M < > 14 THEN 33
e)  ON SGN (K + I - M) + K GOTO 1,2,33,10
f)  ON N - M GOTO 1,33,33,4,33,1,21
g)  IF ABS (K - I) = 3 THEN 33
h)  ON ABS (I - L) GOTO 33,35,33,39
```

5/15 Zu einem hundertjährigen Firmenjubiläum soll den Mitarbeitern eine Prämie ausgesetzt werden. Die Berechnungsgrundlage für diese Prämie lautet folgendermaßen:
Die Prämie beträgt 15% des monatlichen Bruttoverdienstes – mindestens aber 200 DM – für die Arbeitnehmer, die seit mindestens 15 Jahren der Firma angehören. Bei einer Firmenzugehörigkeit von mindestens 25 Jahren

erhält der Arbeitnehmer 150 DM zusätzlich. Alle übrigen Arbeitnehmer erhalten gleichermaßen eine Prämie von 100 DM.
Schreiben Sie ein Programm, das bei gegebenem Bruttoverdienst und Dauer der Firmenzugehörigkeit die Prämie berechnet!

Beispiele:

Firmen- zugehörigkeit	Bruttoverdienst	Prämie
5	2500 .–	100 .–
15	2500 .–	375 .–
20	1000 .–	200 .–
25	2500 .–	525 .–

Lektion 6. Schleifenanweisung

Lernziele

- *FOR ... NEXT*   *zyklische Schleife*
-                  *einfache Schleifen*
-                  *geschachtelte Schleifen*

6.1 FOR ... NEXT zyklische Schleifen

In Lektion 5 wurde ein Programm besprochen, das die Summe der ersten fünf Glieder der arithmetischen Reihe $1 + 2 + 3 + 4 + 5 + \ldots$ berechnet (Programm 5/5) bzw. die ersten Glieder dieser Reihe ausdruckt (Programme 5/2, 5/3 und 5/4).

An dieser Stelle wurde der Begriff der Schleife eingeführt.

Eine Schleife ist dadurch charakterisiert, daß die zu ihr gehörenden Anweisungen wiederholt ausgeführt werden. Ihr Aufbau und die Anzahl der Wiederholungen wurde bei den erwähnten Programmen durch die bedingte Sprunganweisung gesteuert. Eleganter, einfacher und übersichtlicher können diese Programme aber mit der zyklischen Iteration (Wiederholung) geschrieben werden. Sie wird in BASIC durch den FOR ... NEXT-Befehl dargestellt.

Syntax

$$
\begin{array}{l}
\text{FOR } v = a_1 \text{ TO } a_2 \quad [\text{STEP } a_3] \\[4pt]
\left.
\begin{array}{l}
v\ = \text{Laufindex} \\
a_1 = \text{Startwert} \\
a_2 = \text{Endwert} \\
a_3 = \text{Schrittweite} \\
\ \text{(Inkrement)}
\end{array}
\right\}
\begin{array}{l}
\text{Schleifenparameter} \\
\text{(Laufparameter)}
\end{array} \\[4pt]
a_1\,,\,a_2\,,\,a_3 = \text{Konstanten, Variablen oder arithmetische Ausdrücke}
\end{array}
$$

Semantik

Eine Schleife wird durch die FOR-Anweisung eingeleitet und durch die NEXT-Anweisung abgeschlossen. Die innerhalb einer Schleife liegenden Befehle werden wiederholt ausgeführt, wobei die Anzahl der Wiederholungen durch einen Laufparameter gesteuert wird. Dem Laufindex wird durch die FOR-Anweisung ein Startwert, ein Endwert und ein Inkrement zugewiesen, um das er nach jedem Durchlauf der Schleife erhöht wird.

Beispiele

---

1. FOR I = 1 TO 5
   ...
   NEXT I

2. FOR K = A + B TO 20   STEP − 2.5
   ...
   NEXT K

3. FOR J = − 20 TO X   STEP − D
   ...
   NEXT J

Die FOR-Anweisung bildet mit den folgenden Anweisungen bis einschließlich der NEXT-Anweisung eine FOR ... NEXT-Schleife. In der FOR-Anweisung müssen mehrere Angaben gemacht werden: zuerst muß ein Laufindex (-variable) definiert werden. Der Name dieser Laufvariablen ist in der zur Schleife gehörenden NEXT-Anweisung zu wiederholen. Diesem Laufindex wird in der FOR-Anweisung ein Startwert, ein Endwert und ein Inkrement zugewiesen. Diese Werte, die den Laufindex und damit den Ablauf der Schleife steuern, werden als Lauf- oder Schleifenparameter bezeichnet. Zulässig sind Konstanten, Variablen und arithmetische Ausdrücke. Bei der ersten Ausführung der Schleife erhält die Laufvariable v den Anfangswert a_1; nach jedem Durchlauf wird dieser Wert um den Betrag der angegebenen Schrittweite a_3 erhöht und mit dem Endwert a_2 verglichen. Die Iteration der Schleife erfolgt zum letztenmal, wenn v den höchsten seiner Werte angenommen hat, der den Endwert a_2 noch nicht übersteigt.
Wird eine negative Schrittweite gewählt, wird die Schleife sinngemäß zu den obigen Ausführungen dann beendet, wenn v den niedrigsten seiner Werte angenommen hat, der dennoch nicht kleiner als der Endwert a_2 ist.
Nach Beendigung der Schleife wird das Programm mit dem auf die NEXT-Anweisung folgenden Statement weitergeführt. Wird die FOR ... NEXT-Schleife verlassen, nachdem die Laufvariable den vorgegebenen Wertebereich vollständig durchlaufen hat, so besitzt die Laufvariable keinen definierten Wert.
Die Angabe der Schrittweite ist optional, d.h. sie kann weggelassen werden. In diesem Fall wird die Schrittweite automatisch auf den Wert + 1 gesetzt.

Das Programm 5/5 kann jetzt unter Benutzung der FOR ... NEXT-Anweisung
so formuliert werden:

```
10   SU = 0
20   FOR I = 1 TO 5
30   SU = SU + I
40   NEXT I
50   PRINT "SUMME = "; SU
60   END
```
Programm 6/1

Die Angabe der Schrittweite kann hier fehlen, da sie den Wert 1 hat.
Für die Verwendung der FOR ... NEXT-Schleife gibt es mehrere Regeln, die
beachtet werden müssen. Sie sollen nachfolgend ausführlich erläutert werden.
Die Beachtung dieser Regeln ist wichtig, da die falsche Anwendung von
FOR ... NEXT-Schleifen erfahrungsgemäß oft die Ursache für Programmfehler
ist.

Regeln für die Programmierung von FOR ... NEXT-Schleifen

Regel 1
Dem Laufindex v und den Laufparametern a_1, a_2, a_3 dürfen innerhalb einer
FOR ... NEXT-Schleife keine neuen Werte zugewiesen werden. Sie dürfen je-
doch in Ausdrücken aufteten (d.h. rechts des „ = "-Zeichens!).

Regel 2
Es muß beachtet werden, daß die Schleife auf jeden Fall einmal durchlaufen wird,
also auch dann, wenn a_1 größer als a_2 und die Schrittweite positiv ist!

Regel 3
Die Anzahl der zu einer FOR ... NEXT-Schleife gehörenden Anweisungen ist
nicht begrenzt.

Regel 4
Es ist nicht notwendig, daß die Differenz aus Startwert und Endwert für den
Laufindex $(a_2 - a_1)$ ein ganzzahliges Vielfaches der Schrittweite a_3 ist. Die
Schleife wird beendet, wenn v größer als a_2 ist für $a_2 > a_1$ bzw. wenn v kleiner
als a_2 ist für $a_2 < a_1$. Die Anzahl der Durchläufe für die Schleife berechnet sich
somit nach folgender Formel:

$$\frac{|a_2 - a_1|}{a_3} + 1$$

$|a_2 - a_1| = $ Absolutwert der Differenz $a_2 - a_1$

Regel 5

In der NEXT-Anweisung muß der Name des Laufindex wiederholt werden. Bei manchen BASIC-Versionen kann die Wiederholung des Namens entfallen; es reicht aus, lediglich das Schlüsselwort NEXT zu schreiben. NEXT bezieht sich dann immer auf die zuletzt mit FOR eröffnete Schleife, der noch kein NEXT gefolgt ist. Gibt man einen Laufindex an, so bezieht sich NEXT immer auf die FOR-Schleife, die denselben Laufindex hat. Das Weglassen des Laufindex bewirkt bei den meisten BASIC-Dialekten eine schnellere Ausführung der Schleife. Bei nicht zeitkritischen Problemen wird aber ausdrücklich davor gewarnt, den Laufindex bei der NEXT-Anweisung wegzulassen. Besonders bei geschachtelten Schleifen (Regel 6) geht nämlich die Übersichtlichkeit des Programms verloren. Auch geübten Programmierern wird dadurch die Fehlersuche unnötig erschwert.

Regel 6

Unter einem FOR … NEXT-Bereich versteht man die auf die FOR-Anweisung folgende Befehlsreihe bis einschließlich der zugehörigen NEXT-Anweisung und die FOR-Anweisung selbst. Innerhalb eines FOR … NEXT-Bereichs können weitere solche Bereiche auftreten; FOR … NEXT-Schleifen können also ineinander geschachtelt werden. Dabei müssen alle Anweisungen eines inneren FOR … NEXT-Bereichs auch dem äußeren FOR … NEXT-Bereich angehören, was bedeutet, daß die innere Schleife vollständig in der äußeren Schleife liegen muß. Eine Gruppe von FOR … NEXT-Bereichen, von denen jeder dem Bereich des vorangegangenen angehört, wird als ein FOR … NEXT-Nest bezeichnet.

Beispiel:

```
...
100   FOR I = 1 TO 4   STEP 0.1
110   A = S1 + A * SIN (I)
120   FOR K = 2 TO 10                Bereich des inneren      Bereich des äußeren
130   C = A + C * K                  FOR … NEXT               FOR … NEXT
140   NEXT K
150   NEXT I
...
```

Die ineinander geschachtelten Schleifen müssen unterschiedliche Laufindizes besitzen. Die NEXT-Anweisung für die innere Schleife (NEXT K) muß vor der NEXT-Anweisung für die äußere Schleife (NEXT I) auftreten. Bei ineinander geschachtelten Schleifen können alle Schleifen mit einer einzigen NEXT-Anweisung abgeschlossen werden, wobei der erste Laufindex sich auf die innerste Schleife beziehen muß usw.:

```
...
100   FOR I = 1 TO 4   STEP 0.1
110   A = S1 + A * SIN (I)
```

```
120   FOR K = 2 TO 10
130   C = A + C * K
140   NEXT K,I
...
```

Die mögliche Anzahl ineinander geschachtelter Schleifen, die Schachtelungstiefe, hängt von der verfügbaren Speicherkapazität ab.

erlaubte Schachtelungen   nicht erlaubte Schachtelungen

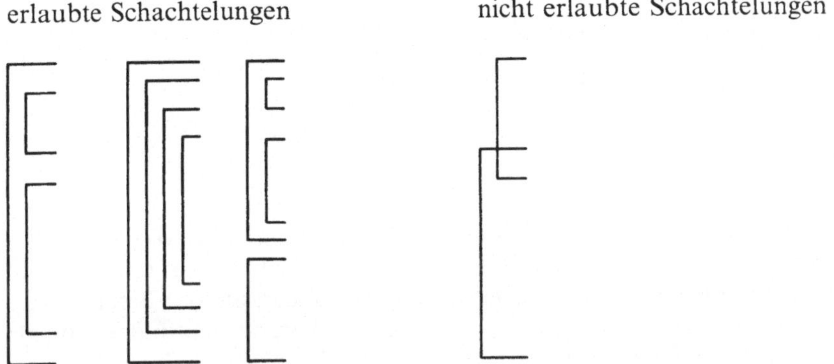

Die rechteckigen Klammern symbolisieren FOR ... NEXT-Bereiche.
Geschachtelte Schleifen werden von „innen nach außen" abgearbeitet. Das Programm 6/2 zeigt zwei ineinander geschachtelte Schleifen; in der inneren werden jeweils die Werte für beide Laufindizes ausgedruckt. Anhand des Ausdrucks kann leicht der Ablauf der Schleifen verfolgt werden.

Programm	*Ausdruck*	
10 PRINT "I"; TAB (10) "K"	I	K
20 FOR I = 1 TO 3	1	1
30 FOR K = 1 TO 4	1	2
40 PRINT I; TAB (10) K	1	3
50 NEXT K	1	4
60 NEXT I	2	1
70 END	2	2
	2	3
Programm 6/2	2	4
	3	1
	3	2
	3	3
	3	4

Regel 7
Aus einer FOR ... NEXT-Schleife kann jederzeit herausgesprungen werden. Innerhalb eines FOR ... NEXT-Bereichs sind Sprünge erlaubt.

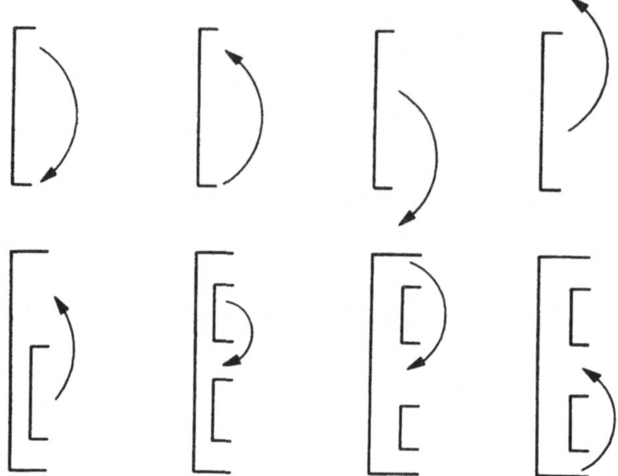

Regel 8

Ein Rücksprung in eine FOR ... NEXT-Schleife ist dann und nur dann erlaubt, wenn der Sprung aus der innersten FOR ... NEXT-Schleife erfolgt und in diese Schleife zurückgesprungen wird. Dabei dürfen aber außerhalb des Bereichs die Werte der Schleifenparameter a_1, a_2 und a_3 und der Wert des Laufindex v nicht verändert werden. Ein Rücksprung in eine andere FOR ... NEXT-Schleife dieses Bereichs ist nicht erlaubt. Ein Eintritt in eine FOR ... NEXT-Schleife ist nur über die betreffende FOR-Anweisung möglich.

Die folgende Figur soll zusammenfassend sämtliche Regeln veranschaulichen, die für Sprünge in und aus FOR ... NEXT-Bereichen gelten:

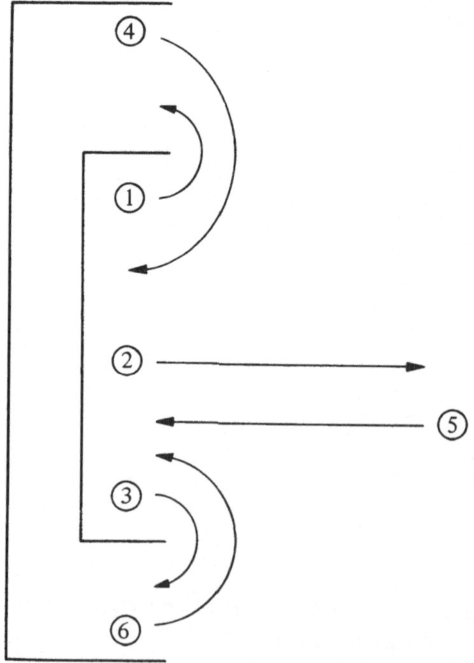

Die Sprünge 1, 2 und 3 sind erlaubt. Die Sprünge 4, 5 und 6 sind verboten, da sie von „außen" in das Innere eines FOR . . . NEXT-Bereichs führen. Diese Sprünge sind deshalb unzulässig, weil die Zuweisung von Werten für die Schleifenparameter durch Ausführung der FOR-Anweisung übergangen wird und damit die Bedingungen für den Ablauf der Schleife nicht festgelegt worden sind. Der Sprung 5 ist dann und nur dann erlaubt, wenn der Sprung 2 vorangegangen ist und die Werte der Schleifenparameter und des Laufindex nach Sprung 2 nicht verändert worden sind.

Regel 9
Der Wert für den Laufindex v und die Werte für die Laufparameter a_1, a_2 und a_3 dürfen in Anweisungen außerhalb eines FOR . . . NEXT-Bereichs nur verändert werden, wenn nicht in diesen Bereich zurückgesprungen wird.

Regel 10
Der Aufruf eines Unterprogramms und die Rückkehr innerhalb einer beliebigen FOR . . . NEXT-Schleife eines FOR . . . NEXT-Bereichs ist erlaubt, wenn keine der vorher angegebenen Regeln verletzt wird. (Unterprogramme s. Lektion 4 und 8).

Wichtige Anmerkung
Mit Lektion 7 beginnt ein neuer Abschnitt des Buches. Voraussetzung für das Verständnis der folgenden beiden Lektionen ist unbedingt die Beherrschung des bisher behandelten Stoffes. Der Leser sollte deshalb anhand der folgenden Übungsaufgaben und deren Lösungen auf jeden Fall erst sein Wissen überprüfen, bevor er mit dem weiteren Durcharbeiten des Buches fortfährt! Gegebenenfalls sind die vorangegangenen Lektionen zu wiederholen.

6.2 Zusammenfassung

Mit der FOR . . . NEXT-Anweisung können Schleifen elegant, kurz und übersichtlich programmiert werden. Die FOR . . . NEXT-Anweisung wird als zyklische Iteration bezeichnet. Durch die Laufparameter (Schleifenparameter) werden die Bedingungen für die Durchführung der Schleife festgelegt.

6.3 Übungsaufgaben

6/1 Was ist hier falsch?

```
a) FOR Z = 1 TO 40,   STEP 2
b) FOR A = B * (1 + SIN (X) TO E
c) FOR X = − 10 TO Y    STEP = 3
d) ...
     100   FOR I = 1 TO 10
     110   FOR K = A TO B
     ...
     810   NEXT I
     ...
     900   NEXT K
     ...
```

6/2 Schreiben Sie die Programme für folgende Übungsaufgaben aus Lektion 5 unter weitgehender Verwendung der FOR ... NEXT-Anweisung:

  a) 5/2
  b) 5/3
  c) 5/6
  d) 5/9
  e) 5/10

6/3 Die Formel zu Berechnung der Zinseszinsen lautet:

$$K = K_0(1 + p/100)^n$$

Dabei bedeuten:

  K = Kapital nach n Jahren Laufzeit
  K_0 = Anfangskapital
  p = Zinssatz in Prozent
  n = Laufzeit in Jahren

Drucken Sie Tabellen aus für

  K = 1000 DM
  p = 1%, 4%, 7%
  Laufzeit $1 \leq n \leq 5$ in 1-Jahresintervallen

6/4 Schreiben Sie ein Programm, welches die Fakultät einer Zahl berechnet! Die Fakultät ist die Abkürzung für eine mathematische Schreibweise und ist folgendermaßen definiert:

$$n! = 1 \cdot 2 \cdot 3 \cdot 4 \cdot 5 \cdot 6 \ldots (n - 2) \cdot (n - 1) \cdot n$$

Das !-Zeichen ist dabei die Abkürzung für Fakultät.
Beispiel:

$$4! = 1 \cdot 2 \cdot 3 \cdot 4 = 24$$
$$7! = 1 \cdot 2 \cdot 3 \cdot 4 \cdot 5 \cdot 6 \cdot 7 = 5040$$

Die Zahl, von der die Fakultät berechnet werden soll, wird über eine INPUT-Anweisung eingelesen.

6/5 Die Funktion

$$y = \frac{(x - 1)^2 - 4}{2x - 2}$$

ist für x = 0 bis 7 in Schritten von 0.5 auszuwerten. Es soll eine Tabelle für x und y ausgedruckt werden. Mathematische Fehler (Division durch Null) sind durch entsprechende Meldungen kenntlich zu machen.

6/6 Erkennen Sie das Bildungsgesetz der folgenden arithmetischen Reihe und berechnen Sie die Summe der ersten 7 Glieder:

$$1 + 2 + 6 + 24 + 120 + \ldots$$

6/7 Welchen Ausdruck erzeugt das folgende Programm?

```
10   FOR I  = 1 TO 3
20   FOR J  = 1 TO 4
30   FOR K = 1 TO 2
40   PRINT I , J , K
50   NEXT K , J , I
60   END
```

6/8 Welchen Ausdruck erzeugt das folgende Programm?

```
10   FOR A = 1 TO 3
20   JA = A + 2
30   FOR J = JA TO 10
40   PRINT A , J
50   NEXT J
60   NEXT A
70   END
```

6/9 Welchen Ausdruck erzeugt das folgende Programm?

```
10   FOR IX = 1 TO 3
20   JA = IX + 2
30   JE = JA * (IX + 1)
40   FOR J = JA TO JE STEP IX
50   PRINT IX , JE , J
60   NEXT J
70   NEXT IX
80   END
```

6/10 Gegeben ist das folgende Programm:

```
 10   INPUT IW , IN , IA
 20   IS = 0
 30   FOR IX = 1 TO 4
 40   IS = IS + IA
 50   NEXT IX
 60   FOR I1 = 1 TO 11
 70   IS = IS − IW
 80   IF IS > 0 THEN 100
 90   NEXT I1
100   IV = IN / I1
110   END
```

Für IW, IN und IA werden 2, 123 bzw. 3 eingelesen. Welche Werte stehen nach Ablauf des Programms auf den Speicherplätzen IW, IN, IA, IX, I1 und IV?

6/11 Drei Seiten eines Dreiecks sind gegeben. Schreiben Sie ein Programm, welches nachprüft, ob ein rechtwinkliges Dreieck vorliegt! Benutzen Sie den Satz des Pythagoras für die Lösung des Problems!

6/12 Gegeben ist folgendes Programm:

```
10   FOR J  = 1 TO 100
20   FOR K = 1 TO 100
30   FOR L = 1 TO 100
40   PRINT J , K , L
50   NEXT L , K , J
60   END
```

Dieses Programm erzeugt insgesamt 1 Million Ausgabezeilen! Nachfolgend werden auszugsweise einige Zeilen angegeben. Bestimmen Sie jeweils die Zeilen, die vor und nach der angegebenen Zeile ausgedruckt werden:

a)	1	1	2	b)	1	1	99
c)	1	1	100	d)	1	99	1
e)	1	99	99	f)	1	99	100
g)	99	1	99	h)	98	99	100
i)	99	99	100	j)	99	100	100
k)	100	99	100	l)	100	100	99
m)	100	100	1	n)	99	99	1

6/13 Für 100 Pf. sollen 100 Zigarren gekauft werden, und zwar:

mindestens 1 Zigarre zu   10 Pf.
mindestens 1 Zigarre zu   3 Pf.
mindestens 1 Zigarre zu 1/2 Pf.

Andere Preise sind nicht möglich. Schreiben Sie ein Programm, welches Ihnen sämtliche Lösungen berechnet. (Hinweis: Benutzen Sie geschachtelte Schleifen wie in Aufgabe 6/12 angegeben!)

6/14 Eine ganze Zahl heißt Primzahl, wenn sie ohne Rest nur durch 1 und durch sich selbst teilbar ist. Um festzustellen, ob eine Zahl Z eine Primzahl ist, muß Z durch 2 und alle ungeraden Zahlen von 3 bis $\sqrt{Z}$ dividiert werden. Ist der Rest einer solchen Division gleich 0, dann liegt keine Primzahl vor. Schreiben Sie ein Programm, das alle Primzahlen von 4 bis N ermittelt und ausdruckt. Die Zahl N kann durch eine INPUT-Anweisung eingelesen werden!

6/15 Schreiben Sie ein Programm, welches den größten gemeinsamen Teiler zweier Zahlen bestimmt!
Der größte gemeinsame Teiler zweier Zahlen ist die größte Zahl, durch die zwei Festkommazahlen ohne Rest teilbar sind. Der größte gemeinsame Teiler ist eine Festkommazahl. Schreiben Sie zwei Programmversionen, wobei eine Programmversion den Algorithmus des Euklid wiedergeben soll! (Informieren Sie sich über das Verfahren nach Euklid in einem Mathematikbuch.)

Lektion 7. Felder/Indizierte Variable

Lernziele

- *DIM Feldvereinbarung*
- *einfach indizierte Variablen*
- *mehrfach indizierte Variablen*

7.1 DIM Feldvereinbarung

Bisher haben wir nur mit den einfachen, nicht indizierten Variablen gearbeitet. Sie werden so bezeichnet, da sie nur einen einzigen „logischen" Speicherplatz symbolisieren. Wir beziehen uns auf einen logischen Speicherplatz, weil er bei BASIC-Dialekten mit Variablentyp-Auswahl (Festkomma, Gleitkomma) unterschiedlich „groß" sein kann. Ein logischer Speicherplatz soll demnach ein Datum (= Einzahl von Daten) enthalten.
Viele Problemlösungen lassen sich unter alleiniger Verwendung von einfachen Variablen nicht mehr sinnvoll realisieren. Man benötigt nämlich die Möglichkeit, unter nur einer Variablen mehrere Speicherplätze ansprechen zu können. Dadurch können diverse zusammengehörende Zahlen unter einem einzigen Variablennamen abgespeichert werden. Wesentlich dabei ist noch, daß die Anzahl der unter einer Variablen abgespeicherten Zahlen unterschiedlich sein kann. Diese Variablen werden im Gegensatz zu den einfachen Variablen „indizierte Variablen" genannt.
Um die Notwendigkeit der Einführung von indizierten Variablen besser verständlich zu machen, wollen wir von folgendem Programmbeispiel ausgehen:

```
10   INPUT Z
20   INPUT ZN
30   ON SGN(ZN) + 2 GOTO 40,70,50
40   PRINT "EINGABEFEHLER" : GOTO 20
50   IF ZN < Z THEN Z = ZN
60   GOTO 20
70   PRINT Z
80   END
```

Programm 7/1

Versuchen Sie erst einmal, die Aufgabe des Programms 7/1 herauszufinden, bevor Sie weiterlesen! Führen Sie dazu den Schreibtischtest durch, und stellen Sie gegebenenfalls auch die vollständige Tabelle auf (s. Lektion 2).

Das Programm 7/1 liest solange Zahlen ein, bis eine Null eingegeben wird. Die Eingabe von negativen Zahlen ist nicht erlaubt, und ihre Verarbeitung wird ausgeschlossen, wobei ein Hinweis durch die Ausgabe der Meldung "EINGABE-FEHLER" erfolgt. Als Ergebnis wird die kleinste der gültigen eingegebenen Zahlen ausgedruckt. Die Aufgabenstellung zu diesem Programm hätte also lauten können: eine beliebige Anzahl positiver Zahlen soll eingelesen werden, die Eingabe wird durch Eintippen einer Null beendet. Zu bestimmen ist die kleinste der eingegebenen Zahlen.

Ist die Anzahl der einzulesenden Zahlen von vornherein bekannt, läßt sich das Programm 7/1 vorteilhafter mit der FOR ... NEXT-Anweisung formulieren (s. Lektion 5 bzw. 6):

```
10   INPUT "ANZAHL DER ZAHLEN" ;N
20   REM EINLESEN DER ERSTEN ZAHL AUSSERHALB
30   REM DER SCHLEIFE, UM EINEN STARTWERT
40   REM FUER Z ZU BEKOMMEN
50   INPUT "1. ZAHL EINGEBEN ";Z
60   FOR X = 2 TO N
70   PRINT X". ZAHL EINGEBEN";
80   INPUT ZN
90   IF ZN < Z THEN Z = ZN
100  NEXT X
110  PRINT "KLEINSTE ZAHL";Z
120  END
```

Programm 7/2

Es wird vorausgesetzt, daß mindestens zwei Zahlen verarbeitet werden sollen. Die Beschränkung auf positive Zahlen größer als Null ist hier nicht berücksichtigt worden, da diese Einschränkung für die folgenden Ausführungen nicht von Bedeutung ist.

In der Praxis kommt es häufig vor, daß eingegebene Zahlenwerte von einem Programm mehrfach verarbeitet werden müssen. In unserem Beispiel wollen wir die Aufgabenstellung so erweitern, daß wir nach der Bestimmung der kleinsten Zahl noch die Differenz jeder eingegebenen Zahl von der kleinsten Zahl berechnen und ausdrucken lassen. Diese erweiterte Problemstellung ist allgemeiner Natur und läßt sich auf zahlreiche Fragestellungen sowohl aus dem kommerziellen als auch aus dem technischen Bereich übertragen. Beispiele: Umsatzdifferenz des umsatzschwächsten Kunden zu allen anderen, Differenz der niedrigsten Tagestemperatur eines Jahres zu allen anderen Tagestemperaturen dieses Jahres für die Ermittlung der Schwankungsbreite, etc.

Mit den Programmversionen 7/1 und 7/2 ist eine Weiterverarbeitung der Zahlen aber nicht möglich, da der Speicherplatz ZN immer mit der jeweils zuletzt eingegebenen Zahl überschrieben wird. Eine mögliche Lösung wäre, jede Zahl auf einen gesonderten Speicherplatz einzulesen. Nach den bisher erworbenen Kenntnissen könnte das Programm beispielsweise so geschrieben werden:

```
...
150   INPUT Z1 , Z2 , Z3 , Z4
160   ZK = Z1
170   IF ZK > Z2 THEN ZK = Z2
180   IF ZK > Z3 THEN ZK = Z3
190   IF ZK > Z4 THEN ZK = Z4
200   PRINT "KLEINSTE ZAHL ";ZK
210   REM WEITERE VERARBEITUNG
220   REM BEISPIEL DIFFERENZBILDUNG
230   D1 = Z1 - ZK : D2 = Z2 - ZK
240   D3 = Z3 - ZK : D4 = Z4 - ZK
...
```

Programm 7/3

Die Lösung nach Programm 7/3 hat aber erhebliche Nachteile! Die Bestimmung der kleinsten Zahl kann nicht mehr elegant als „geschlossene" Lösung durch eine Schleife programmiert, sondern für jeden Vergleich muß vielmehr eine IF-Anweisung direkt geschrieben werden. Damit ist das Programm auf eine bestimmte Anzahl von zu verarbeitenden Zahlen festgelegt, und jedesmal, wenn eine andere Anzahl von Zahlen verarbeitet werden soll, muß das Programm abgeändert werden. Das Programm ist deshalb praktisch nicht zu verwenden!
Eine für die Praxis brauchbare Lösung läßt sich durch Verwendung von indizierten Variablen erreichen. Eine einfache Variable repräsentiert einen einzigen Speicherplatz, eine indizierte Variable dagegen kann mehrere Speicherplätze repräsentieren. Wenn aber mit einem einzigen Namen mehrere Speicherplätze benannt werden können, so muß es eine Möglichkeit geben, die mit gleichem Namen belegten Speicherplätze im Programm voneinander zu unterscheiden. Die Unterscheidung erfolgt durch den sogenannten Index, der in Klammern hinter den Variablennamen gesetzt wird. Die einzelnen Speicherplätze gleichen Namens werden durchnumeriert, wobei der Index die Numerierung darstellt.
Als Index darf benutzt werden:

1. *Konstante*
   Beispiele: X(8), AB(1017)

2. *einfache Variable*
   Beispiele: X(A), Y(B), Z(D)

3. *arithmetischer Ausdruck*
   Beispiele: D(X + Y), Z(8 + A * B), Y(Z * SIN(X))

4. *indizierte Variable*
   Beispiele: A(X(Z)), AD(Z(Y + W * ABS(A)))

Die indizierten Variablen werden wie die einfachen Variablen behandelt, nur muß in Klammern hinter dem Variablennamen der Index angegeben werden. Der Index muß größer gleich eins sein. Es können nur ganzzahlige Indizes verarbeitet werden. Ergibt aber beispielsweise die Berechnung eines arithmetischen Ausdrucks einen Dezimalwert, so werden zur Ermittlung des Index die Nachkommastellen des Ergebnisses abgeschnitten (s. Funktion INT, Lektion 4).

Beispiele:

IF $(A(I) - Y(K(5))) * B > .38$ THEN 80
$Z = G(K - 8) * 3 + D(I)$
$A(I) = G(KX - J) + X$
$H = ABS(KL(KX + I) + I)$

Indizierte Variablen können mehrere Speicherplätze unter einem Namen zusammenfassen und werden auch als Felder bezeichnet, deren einzelne Speicherplätze Feldelemente genannt werden.

Ist beabsichtigt, eine Variable als indizierte Variable in einem Programm zu benutzen, so muß zunächst festgelegt werden, wieviele Speicherplätze maximal unter einem Variablennamen zusammengefaßt werden sollen. Diese Speicherplatzreservierung erfolgt durch die DIM-Anweisung (DIM = Abkürzung für DIMension).

Syntax

DIM $a_1(i_1)$ $[, a_2(i_2), \ldots]$
Liste der indizierten Variablen
$a_1, a_2, \ldots a_n$ = Namen der indizierten Variablen
$i_1, i_2, \ldots i_n$ = Indexlisten, bestehend aus positiven Festkommakonstanten

Semantik

Mit der DIM-Anweisung wird die Anzahl und die Größe von Felddimensionen definiert und damit die zur Speicherplatzreservierung für indizierte Variablen nötige Information geliefert.

Beispiele

1. DIM $F(100)$
2. DIM $A(1000)$, $B(590)$, $XY(80)$
3. DIM $D(10, 30)$, $C(7, 1058)$
4. DIM $Z(1000)$, $A5(500)$, $X(2, 3)$, $I(25)$

In der DIM-Anweisung werden sämtliche Variablen angegeben, die im folgenden Programm als indizierte Variablen geführt werden sollen. Die einzelnen Variablen müssen durch Kommata voneinander getrennt in der Variablenliste genannt werden. Die Indexliste wird in Klammern hinter dem jeweiligen Variablennamen angegeben; sie beschreibt die maximal zu reservierenden Speicherplätze. Diese Maximalzahl darf später im Programm niemals überschritten werden, d.h. es darf kein Index verwendet werden, der größer ist als der in der DIM-Anweisung für die jeweilige Variable angegebene. Ein Verstoß gegen diese Vorschrift ist eine häufige Ursache für schwer aufzufindende Programmfehler. Da als Index bei der

Verarbeitung von indizierten Variablen arithmetische Ausdrücke, einfache oder indizierte Variablen angegeben werden können, ist bei komplexen Programmen eine mögliche Überschreitung des zulässigen Indexbereiches oft schwer zu überblicken. Als Indexliste dürfen in der DIM-Anweisung nur positive Festkomma-Konstanten auftauchen.

Die DIM-Anweisung liefert die notwendigen Informationen für die Speicherplatzreservierung und sollte wegen der Übersichtlichkeit an den Anfang eines Programms gestellt werden. Auf jeden Fall muß eine Variable durch eine DIM-Anweisung als Feld definiert werden, bevor sie in BASIC-Befehlen verwendet wird. Bei den meisten BASIC-Versionen kann die Definition einer Variablen als Feld unterbleiben, wenn nicht mehr als 10 Feldelemente verarbeitet werden sollen.

Man unterscheidet einfach- (s. Beispiel 1 und 2) und mehrfach (Beispiel 3) indizierte Variablen. Wir wollen uns zunächst auf die einfach indizierten Variablen beschränken.

In den angegebenen Beispielen sind die Variablen F, A, B, XY, Z, A5 und I einfach indiziert, die Variablen D, X und C dagegen mehrfach. Auf mehrfach indizierte Variablen kommen wir später in dieser Lektion zurück.

In den Lektionen 5 und 6 wurden verschiedene Techniken behandelt, wie eine Anzahl logisch zusammengehörender Daten nacheinander eingelesen werden kann (Programme 5/6, 5/7, 7/1, 7/2). Die beiden folgenden Beispiele sollen zeigen, wie die Programme unter Verwendung von indizierten Variablen entsprechend umgeschrieben werden müßten, um die Daten in ein Feld einzulesen. Sämtliche Daten bleiben nach dem Einlesen auf den jeweiligen Speicherplätzen des Feldes erhalten und können beliebig weiterverarbeitet werden.

Beispiel 1

Die „Eingabeschleife" wird mit dem bedingten Sprungbefehl formuliert. Die Kennzeichnung des Endes der Eingabe erfolgt hier durch Eingabe eines speziellen Wertes, der nicht zum Datensatz gehören darf! Diese Programmierungstechnik ist immer dann vorteilhaft, wenn die Anzahl der einzulesenden Daten nicht von vornherein bekannt ist und mindestens ein Eingabewert aus Plausibilitätsgründen nicht zum Datensatz gehört. Dieser Wert kann als Abbruchkriterium zur Beendigung der Schleife dienen.

```
 10   DIM F(1000)
 . . .
210   N = 0
220   N = N + 1
230   INPUT "WERT EINGEBEN "; F(N)
240   IF F(N) > = 0 THEN 220
250   N = N − 1
 . . .
```

Programm 7/4

Die Eingabe wird hier in Programm 7/4 durch Eintippen eines negativen Werts beendet. Es sind aber auch andere Abbruchkriterien denkbar. Der Speicherplatz N wird fortlaufend hochgezählt; bei der Eingabe kann er direkt als Index verwendet werden, so daß die erste eingegebene Zahl auf das erste Feldelement, die zweite Eingabe auf das zweite Feldelement usw. des Feldes F geschrieben wird. Nach Durchführung der Zeile 240 enthält N die Anzahl der eingelesenen Werte. Vom ursprünglichen Wert der Variablen N muß in Zeile 250 1 abgezogen werden, da der als Abbruchkriterium benutzte Wert nicht mehr Bestandteil des Datensatzes sein soll. Die Ausgabe eines Datensatzes kann sinngemäß erfolgen.

Beispiel 2
Die Eingabeschleife wird mit der FOR ... NEXT-Anweisung formuliert. Eine Kennzahl für das Ende des Datensatzes entfällt hier. Dafür muß aber die Anzahl der einzulesenden Daten bekannt sein.

```
10    DIM F(1000)
...

210   INPUT "ANZAHL DER WERTE ";N
220   FOR I = 1 TO N
230   INPUT F(I)
240   NEXT I
...
```

Programm 7/5

Die Ausgabe eines Datensatzes erfolgt nach dieser Methode sinngemäß.
Das Programm 7/6 zeigt nun, wie das in Programm 7/3 dargestellte Problem universell gelöst werden kann (vgl. auch Programm 7/2!). Sämtliche Zahlen werden erst in ein Feld eingelesen, bevor die kleinste der eingegebenen Zahlen ermittelt wird. Der Programmablauf ist praktisch mit demjenigen des Programms 7/2 identisch, da indizierte Variablen wie einfache Variablen behandelt werden können!

```
10    DIM ZN(100)
20    INPUT "ANZAHL DER ZAHLEN "; N
30    INPUT ZK
40    ZN(1) = ZK
50    FOR I = 2 TO N
60    INPUT ZN(I)
70    IF ZN(I) < ZK THEN ZK = ZN(I)
80    NEXT I
90    PRINT " KLEINSTE ZAHL"; ZK
...
```

Programm 7/6

Da mit der DIM-Anweisung 100 Speicherplätze für das Feld ZN reserviert wurden, dürfen höchstens 100 Zahlen eingegeben werden! Der Schreibtischtest für dieses Programm kann folgendermaßen durchgeführt werden:

N	5
I	2 3 4 5
ZN	−8(1) 0(2) 18(3) −12(4) 21(5)
ZK	−8 −12

Die Indizes werden als Zahl in Klammern hinter den Wert gesetzt, um die einzelnen Speicherplätze des Feldes ZN eindeutig zu identifizieren.
Als „Weiterverarbeitung" der Zahlen war eingangs gefordert worden, die Differenz jeder eingelesenen Zahl von der kleinsten Zahl zu berechnen und auszudrukken. Der nachfolgende Programmteil 7/8 führt diese Berechnung durch und müßte an der entsprechenden Stelle in Programm 7/6 eingefügt werden (s. auch Programm 7/3).

```
. . .
100    FOR I = 1 TO N
110    D = ZN(I) − ZK
120    PRINT "DIFFERENZ = "; D
130    NEXT I
. . .
```

Programm 7/8

Bevor wir zu den mehrfach indizierten Variablen übergehen, soll noch ein Programm mit einfach indizierten Variablen kurz besprochen werden:

```
 10    DIM ZF(1000)
 20    INPUT "ANZAHL DER ZAHLEN "; NZ
 30    PRINT "ZAHLEN EINGEBEN"
 40    FOR I = 1 TO NZ
 50    INPUT ZF(I)
 60    NEXT I
 70    FOR I = 1 TO NZ − 1
 80    FOR K = I + 1 TO NZ
 90    IF ZF(I) < ZF(K) THEN 130
100    H = ZF(I)
110    ZF(I) = ZF(K)
120    ZF(K) = H
130    NEXT K
140    NEXT I
150    PRINT "SORTIERTE ZAHLENFOLGE"
160    FOR I = 1 TO NZ
170    PRINT ZF(I)
180    NEXT I
190    END
```

Programm 7/9

Das erste kleine Programm, das in Lektion 2 (Programm 2/4, Aufgabe 2/6) vorgestellt wurde, vertauschte die Inhalte zweier Speicherplätze. Koppelt man dies Programm mit dem Prinzip des Programms 7/2, welches die kleinste von eingegebenen Zahlen ermittelt, so erhält man ein Programm, das die Zahlen eines Zahlenfeldes der Größe nach sortiert. In Programm 7/9 ist die vollständige Lösung wiedergegeben.

Führen Sie den Schreibtischtest aus, indem Sie beispielsweise vier Zahlen in beliebiger Reihenfolge in das Feld ZF einlesen. Die Zahlen werden anschließend in der sortierten Reihenfolge ausgedruckt. Beachten Sie den Ablauf von ineinandergeschachtelten Schleifen (Lektion 6, Aufgaben 6/7, 6/8, 6/9, 6/12, 6/13!). Das Programm 7/9 enthält zwei geschachtelte Schleifen mit den Laufindizes I und K.

Sortiert das Programm die Zahlen in auf- oder absteigender Reihenfolge? Durch Änderung welcher Anweisung kann eine auf- oder absteigende Sortierung erreicht werden?

Bisher haben wir nur einfach indizierte Variablen behandelt. Bei diesen sind die einzelnen Speicherplätze gewissermaßen „hintereinander" angeordnet. BASIC bietet die Möglichkeit, eine Variable auch mehrfach zu indizieren. Damit kann die Anordnung der Speicherplätze strukturiert und somit deren Zugriff übersichtlicher gestaltet werden. Bei den meisten BASIC-Versionen sind allerdings höchstens zwei Indizes erlaubt. Nur wenige BASIC-Versionen gestatten die Verwendung von drei- oder einer noch größeren Zahl von Indizes.

Beispiele:

DIM A(50, 50), B(100, 26), Z(111, 45)
A(N)   = B(3, X)
Y(Z)   = D(A(K), L)
W(A, B) = AB(Z) − P(X, Y)

Die Mehrfachindizierung ist immer dort sinnvoll anzuwenden, wo zusammenhängende Werte logisch entsprechend strukturiert werden sollen, um die Übersichtlichkeit der Datenstruktur zu erhöhen und den Datenzugriff zu erleichtern. Das Arbeiten mit mehrfach indizierten Variablen setzt jedoch eine gewisse Programmiererfahrung voraus, da höhere Anforderungen an abstraktes Denken gestellt werden als beim Arbeiten mit einfach indizierten Variablen. Man kann sich dadurch helfen, daß man sich die Speicherplätze einer zweifach indizierten Variablen schachbrettartig angeordnet denkt. Für den Zugriff auf einen Speicherplatz ist hier die Angabe zweier Indizes erforderlich, so wie auch ein Feld auf dem Schachbrett durch zwei Angaben eindeutig identifiziert werden kann. Ist bei dreifach indizierten Variablen noch die Veranschaulichung der Anordnung der einzelnen Speicherplätze durch einen Würfel oder einen Quader möglich, so versagt unsere Vorstellungskraft bei vierfach indizierten Variablen jedoch völlig. Hier kann die Mehrfachindizierung nur abstrakt als organisatorisch sinnvolle Strukturierung der Daten verstanden werden. Mehrfachindizierungen mit mehr als zwei Indizes sind bei einigen höheren Programmiersprachen (FORTRAN, PASCAL, PL/1) standardmäßig möglich.

In der Praxis reicht meist die Verwendung von ein- und zweifach indizierten Variablen aus. Man sollte Mehrfachindizierungen wirklich nur dort anwenden, wo sie durch die Problemstellung unbedingt gefordert werden!

Ein einfaches Beispiel soll zeigen, wie Mehrfachindizierung gegenüber der Einfachindizierung Vorteile bringen kann:

Nach dem Ohmschen Gesetz ist das Produkt aus Stromstärke (I) und Widerstand (R) gleich der Spannung (U).

$$U = I \cdot R$$

Es sollen Tabellen für R = 4 und R = 7 erstellt werden. I soll in 1er-Schritten von 1 bis 11 A (Ampere) erhöht werden. Beide Tabellen sollen im Hauptspeicher für eine weitere Verarbeitung zur Verfügung stehen. Das Programm 7/10 zeigt eine Lösung mit zwei einfach indizierten Variablen. Das entsprechende Programm unter Verwendung von zweifach indizierten Variablen stellt das Programm 7/11 dar.

```
 10   DIM U4(11), U7(11)
 ...
150   FOR I = 1 TO 11
160   U4(I) = 4 * I
170   U7(I) = 7 * I
180   NEXT I
 ...
```

Programm 7/10

```
 10   DIM U(2,11)
 ...
150   FOR I = 1 TO 11
160   U(1,I) = 4 * I
170   U(2,I) = 7 * I
180   NEXT I
 ...
```

Programm 7/11

Der große Vorteil der Verwendung eines zweifach indizierten Feldes für U besteht darin, daß das Programm universell verwendbar wird und eine Erweiterung auf eine beliebige Anzahl von Tabellen für frei wählbare Widerstandswerte möglich ist.

```
10   DIM R(10), U(10,11)
20   INPUT "ANZAHL DER TABELLEN "; NT
30   PRINT "WIDERSTANDSWERTE EINGEBEN"
40   FOR X = 1 TO NT : INPUT R(X) : NEXT
50   REM BERECHNUNG DER TABELLEN
60   FOR I = 1 TO NT
70   FOR J = 1 TO 11
80   U(I,J) = R(I) * I
90   NEXT J, I
 ...
```

Programm 7/12

Im Programm 7/12 ist die Anzahl der Tabellen auf 10 begrenzt. Falls die Anzahl der gewünschten Tabellen erhöht werden soll, muß lediglich die DIM-Anweisung entsprechend geändert werden. Die Widerstandswerte für jede Tabelle werden in das Feld R eingelesen, der Speicherplatz NT enthält die Anzahl der zu berechnenden Tabellen. Sämtliche Tabellen stehen in dem zweifach indizierten Feld U für weitere Berechnungen zur Verfügung.

7.2 Zusammenfassung

BASIC kennt einfache und indizierte Variablen. Die einfachen Variablen repräsentieren nur einen Speicherplatz, während die indizierten Variablen mehrere Speicherplätze repräsentieren können. Indizierte Variablen werden auch Felder genannt. Man unterscheidet zwischen einfach und mehrfach indizierten Variablen. Durch Mehrfachindizierung kann den in einem Feld zusammengefaßten Daten eine bestimmte innere Struktur gegeben werden, so daß in einem Feld mehrere logisch zusammengehörige Untermengen der Daten gebildet werden können. Die Mehrfachindizierung ist bei den meisten BASIC-Versionen auf maximal zwei Indizes begrenzt. Die Anzahl und die Struktur der in einem Feld abgespeicherten Daten muß in der DIM-Anweisung festgelegt werden. Die DIM-Anweisung sollte gleich am Anfang eines Programms stehen. Auf jeden Fall aber muß eine Variable in der DIM-Anweisung spezifiziert werden, bevor sie in Statements als Feld auftritt. Der Zugriff auf die einzelnen Speicherplätze (Elemente) eines Feldes geschieht durch den Index. Der Index wird in Klammern hinter den Feldnamen gesetzt und muß größer gleich 1 sein. Als Index sind Konstanten, einfache und indizierte Variablen und arithmetische Ausdrücke zulässig.

7.3 Übungsaufgaben

Verwenden Sie bitte das gesamte bisher erworbene Wissen zur Lösung der Aufgaben!

7/1 Was ist hier falsch?
    a) DIM A(51.6)
    b) DIM A(J), B(20)
    c) Z = X(I − 2 ∗ I)

7/2 Welchen Ausdruck erzeugt das folgende Programm?

```
10   FOR I = 1 TO 2
20   FOR J = I TO 7 STEP 3
30   FOR K = J − 3 TO J STEP 2
40   PRINT I , J , K
50   NEXT K , J , I
60   END
```

7/3 Schreiben Sie ein Programm, welches sämtliche Zahlen von 1 bis 500 ausdruckt, die die Quersumme 18 haben!

7/4 Was ist bei dem nachstehenden Programm falsch bzw. kann eventuell problematisch sein?

```
10   FOR I = 1 TO 8
20   IS = IS + I
30   NEXT
40   PRINT "DIE SUMME DER ZAHLEN 1 , 2 , 3 , 4 , 5 , 6 , 7 , 8 IST = "; IS
50   END
```

7/5 Das Pascalsche Dreieck hat in der Mathematik unter anderem zur Bestimmung der Binominalkoeffizienten Bedeutung. Erkennen Sie das Bildungsgesetz und schreiben Sie ein Programm, welches die ersten 8 Zeilen des Pascalschen Dreiecks berechnet und folgendermaßen ausdruckt:

```
1
1   2    1
1   3    3    1
1   4    6    4    1
1   5   10   10    5   1
1   6   15   20   15   6   1
usw.
```

Anmerkung: Benutzen Sie ein zweidimensionales Feld mit den Dimensionen $(8, 9)$. Die ersten beiden Zeilen des Pascalschen Dreiecks können vorgegeben werden!

7/6 Definieren Sie über die DIM-Anweisung ein zweifach indiziertes Feld mit den Indizes $(5, 5)$. Setzen Sie per Programm die Werte des Feldes folgendermaßen:

a) sämtliche Elemente des Feldes sollen auf Null gesetzt werden; jedoch die „Hauptdiagonale" von rechts oben nach links unten soll auf 1 gesetzt werden.

b) wie bei Aufgabe a), nur daß die Hauptdiagonale von links oben nach rechts unten auf 1 gesetzt werden soll.

Drucken Sie anschließend das zweifach indizierte Feld aus.

Ergänzen Sie das nachstehende Programm entsprechend, so daß bei a) der Ausdruck:

```
0   0   0   0   1
0   0   0   1   0
0   0   1   0   0
0   1   0   0   0
1   0   0   0   0
```

und bei b) der Ausdruck

```
1   0   0   0   0
0   1   0   0   0
0   0   1   0   0
0   0   0   1   0
0   0   0   0   1
```

erzeugt wird!

```
 10   DIM IF(5, 5)
 20   REM SETZEN DER FELDELEMENTE
 ...
200   REM AUSDRUCK DER FELDELEMENTE
 ...
500   END
```

7/7 Bestimmen Sie den arithmetischen Mittelwert einer vorgegebenen Anzahl von Zahlen. Nach Berechnung des Mittelwertes soll für jede eingegebene Zahl ihre Abweichung vom Mittelwert ausgedruckt werden. Die Anzahl der Zahlen und die Zahlen selbst werden über eine INPUT-Anweisung eingelesen.

7/8 Schreiben Sie ein Programm, welches eine eingegebene Festkommazahl als Oktalzahl interpretiert und in eine Dezimalzahl umwandelt. Vor der Umwandlung in eine Dezimalzahl soll überprüft werden, ob eine gültige Oktalzahl vorliegt. Nur dann, wenn eine gültige Oktalzahl eingegeben worden ist, soll die Konversion in eine Dezimalzahl erfolgen. Andernfalls soll eine Fehlermeldung ausgedruckt werden. Die Problemlösung soll auf positive Oktalzahlen beschränkt werden.

7/9 Ein Zahlenfeld ist mit beliebigen Festkommazahlen gefüllt worden. Aus diesem Zahlenfeld sollen sämtliche negativen Zahlen eliminiert werden und zwar so, daß in dem Zahlenfeld keine Lücken vorhanden sind. Ergänzen Sie das folgende Programm entsprechend:

```
10    DIM ZF(100)
20    INPUT "ANZAHL DER ZAHLEN "; NZ
30    FOR I = 1 TO NZ
40    INPUT ZF(I)
50    NEXT I
...
300   FOR I = 1 TO N
310   PRINT ZF(I)
320   NEXT I
330   END
```

Eingabe
NZ = 10
ZF = 99, 0, − 3, 3, − 118, − 4, 8, 0, 5, − 2

Ausgabe
ZF = 99   0   3   8   0   5

Die Anzahl der einzulesenden Zahlen beträgt für das Beispiel 10. Es werden nacheinander die Zahlen 99, 0, − 3, 3, − 118, − 4, 8, 0, 5 und − 2 in das Feld eingelesen. Nach dem Programmablauf enthält der Speicherplatz N den Wert 6 und in dem Feld ZF stehen fortlaufend die Zahlen 99, 0, 3, 8, 0 und 5.
Dieses Programm ist von allgemeiner Bedeutung, da es eine prinzipielle Problemlösung zeigt, um aus logisch zusammengehörigen Daten bestimmte Daten zu eliminieren! Dabei ist es an sich gleichgültig, ob es sich um die Streichung der Daten eines Bürgers einer Stadt wegen Umzugs handelt oder ob aus einer Meßreihe einer technischen Untersuchung bestimmte Zahlen eliminiert werden sollen. In allen Fällen werden ein oder mehrere Daten aus einem Datensatz entfernt und die verbleibenden Daten des Datensatzes werden so „zusammengeschoben", daß keine „Lücken" verbleiben.

7/10 Schreiben Sie ein Programm, welches eine dezimale positive Festkommazahl in eine Dualzahl umwandelt. Jede Ziffer der Dualzahl wird in einem Feldelement abgespeichert. Die Ein- und Ausgabeanweisungen sowie die Feldvereinbarung sind bereits in dem unten stehenden „Programmrahmen" gegeben. Schreiben Sie den entsprechenden Verarbeitungsteil des Programms!

```
10   DIM DU(20)
20   INPUT "DEZIMALZAHL "; Z
...

...       Umwandlung von Z in eine Dualzahl
...

600   FOR I = 1 TO ND
610   PRINT DU(I)
620   NEXT I
630   END
```

Die Umwandlung soll nach der sogenannten Restemethode erfolgen: Dazu wird die Zahl durch 2 dividiert. Der Rest ergibt die erste Dualstelle, das Ergebnis wird erneut durch 2 dividiert, wobei der Rest die zweite Dualstelle ergibt. Dieses Verfahren wird solange fortgesetzt, bis das Ergebnis der Division eine Null ergibt.

Beispiel: $11_{10} = 1011_2$

$Z = 11$ $DU(1) = 1$ $DU(2) = 0$ $DU(3) = 1$ $DU(4) = 1$ $ND = 4$

$11:2 = 5$ Rest 1 $DU(4)$
$5:2 = 2$ Rest 1 $DU(3)$
$2:2 = 1$ Rest 0 $DU(2)$
$1:2 = 0$ Rest 1 $DU(1)$

Führen Sie die Divisionen wie angegeben durch und invertieren Sie anschließend die Werte in dem Feld $DU(1)$.

7/11 Wann terminiert ein Programm auf jeden Fall, d.h. wann ist ein Programm auf jeden Fall dynamisch endlich?

Lektion 8. Unterprogramme II

Lernziele

– *DEF*   *Formelfunktionen, benutzerdefinierte Funktionen*
– *GOSUB/RETURN*   *unbedingter Unterprogrammaufruf*
– *ON ... GOSUB/RETURN*   *berechneter Unterprogrammaufruf*

8.1 Allgemeine Einführung

In Lektion 4 wurden die Standardfunktionen vorgestellt. Diese Standardfunktionen stellen Unterprogramme dar, die zum Sprachumfang von BASIC gehören. Man bezeichnet sie deshalb als eingebaute (intrinsic) Funktionen. Neben diesen direkt verfügbaren Unterprogrammen hat aber der Programmierer auch noch die Möglichkeit, selbst Unterprogramme zu formulieren und in ein Programm einzubinden. Ihre Verwendung bringt folgende Vorteile:

1. Keine Wiederholung gleicher Programmabschnitte

In einem Programm ist es oft notwendig, den gleichen Rechnungsvorgang mit unterschiedlichen Werten an verschiedenen Stellen zu wiederholen. Eine wesentliche Vereinfachung bei der Programmerstellung wird erreicht, wenn solche Vorgänge nur einmal programmiert werden müssen und an beliebigen Stellen im Programm mit den jeweiligen Werten ausgeführt werden können. Ist zum Beispiel die Errechnung der Fakultät (s. Aufgabe 6/4) einer Zahl an verschiedenen Programmstellen erforderlich, so ist es zweckmäßig, ein allgemeines Programm zur Fakultätsberechnung zu schreiben. Dieses kann dann an den verschiedenen Stellen mit dem jeweiligen Argument aufgerufen werden, von dem die Fakultät zu berechnen ist.

2. Erhöhung der Übersichtlichkeit und Wartungsfreundlichkeit

Die in diesem Buch behandelten Programme sind bewußt einfach gehalten, um den Leser in die wesentlichen Grundelemente der Programmiersprache BASIC einzuführen und ihn nicht mit zweitrangigen Problemen unnötig zu belasten. In der Praxis müssen jedoch weitaus komplexere Problemstellungen bewältigt werden. Die Programme werden demnach entsprechend umfangreicher und umfassen eine große Anzahl von Anweisungen, die nur noch schwerlich überblickt werden können. Um dieses Problem zu lösen, wendet man die Unterprogrammtechnik an. Sie ermöglicht es, umfangreiche und komplizierte Programme in kleine überschaubare Einheiten zu zerlegen.

3. Nachträgliches Einfügen benötigter oder vergessener Programmteile

In der Praxis vollzieht sich die Entwicklung eines Programms in mehreren Stufen. Nach der Erstellung eines Pflichtenheftes, welches den gewünschten Leistungsumfang des Programms beschreibt, erfolgt die Grobkonzeption des Programms. Danach wird das Detailkonzept erarbeitet, das als Grundlage für die Programmierung der Problemlösung dient. Es folgt die Testphase. Dieser Test, aber auch Erfahrungen, die mit der späteren Anwendung des Programms erworben werden, können Erweiterungen notwendig machen. Solche nachträglichen Erweiterungen dürfen auf keinen Fall die Programmstruktur verändern und zu unübersichtlichen, schwer lesbaren Programmen führen. Eine Programmstrukturierung, die in sich abgeschlossene Programmteile als Unterprogramme enthält, ist vorteilhaft. Sie werden dann von einem Hauptprogramm an der Stelle aufgerufen, an der sie benötigt werden. Ein komplexes Programmsystem wird so in mehrere kleine Unterprogramme (Module) zerlegt. Eine nachträgliche Programmerweiterung würde damit lediglich das Hinzufügen eines neuen Moduls und nicht die völlige Umstrukturierung des kompletten Programms bedeuten.
Um den praktischen Erfordernissen gerecht zu werden, bietet BASIC zwei verschiedene Möglichkeiten, Unterprogramme zu definieren:

1. Formelfunktionen (Funktionsunterprogramme)
2. Interne Unterprogramme

In den folgenden Abschnitten werden die Anwendungen dieser Unterprogrammarten anhand praktischer Beispiele besprochen.

8.2 DEF Formelfunktionen

Die einfachste Art eines Unterprogramms ist die Formelfunktion, die auch Funktionsanweisung genannt wird. Wie der Name schon sagt, besteht dieses Unterprogramm nur aus einer einzigen Anweisung, die dem Sinne nach eine Wertzuweisung ist.

Syntax

DEF FN vn   [(pl)] = a

vn = Variablenname
pl = Parameterliste
a = arithmetischer Ausdruck

Semantik

Definition einer Anweisungsfunktion

Beispiele

1. DEF FNP = A * B
2. DEF FNP(A , B) = A * B
3. DEF FNLG(AR) = LOG(AR) / LOG(10)
4. DEF FNZ(LZ , KA , PR) = KA * LZ * PR / 100

Mit Hilfe der DEF-Anweisung können Funktionen vom Benutzer selbst definiert werden. FN und Variablenname zusammen bilden den Funktionsnamen. Zwischen ihnen darf kein Leerzeichen stehen! Die formalen Parameter (Argumente) der Funktionen folgen durch Kommata getrennt in Klammern. Als formale Parameter sind nur einfach indizierte Variablen zulässig. Die formalen Parameter haben ihren Namen erhalten, da sie nur zur formalen Definition der Funktion benutzt werden. Sie sind lediglich Platzhalter für die tatsächlichen Argumente, die beim Aufruf der Funktion angegeben werden. Die Argumente, die beim Aufruf angegeben werden, nennt man deshalb auch aktuelle Parameter. Der arithmetische Ausdruck auf der rechten Seite des Zuweisungssymbols bildet die Rechenvorschrift für die Berechnung des Funktionswertes. In ihm können die Formalparameter auftreten, die auf der linken Seite des Zuweisungssymbols in Klammern hinter dem Funktionsnamen stehen. Der arithmetische Ausdruck darf neben den Formalparametern Konstanten, einfache Variablen und Aufrufe von Standardfunktionen (s. Lektion 4) enthalten. Die Angabe von indizierten Variablen ist nicht erlaubt! Die Anzahl der Parameter in der Parameterliste ist beliebig und nur auf eine logische Zeile oder auf 255 Zeichen begrenzt.
Der Aufruf einer Formelfunktion erfolgt durch ihren Namen, wobei in Klammern hinter dem Namen die aktuellen Parameter angegeben werden müssen. Die Funktion wird wie die in Lektion 4 besprochenen Standardfunktionen aufgerufen. Es muß unbedingt darauf geachtet werden, daß die Anzahl der aktuellen Parameter mit der Anzahl der formalen Parameter übereinstimmt! Die Namen der aktuellen und der formalen Parameter brauchen jedoch nicht identisch zu sein. Die Zuordnung der Werte erfolgt nämlich nicht über die Namen der Parameter, sondern aufgrund ihrer Stellung. So korrespondiert der erste formale Parameter mit dem ersten aktuellen Parameter, der zweite formale mit dem zweiten aktuellen Parameter usw. Dieses Prinzip sorgt dafür, daß die für ein Programm definierte Formelfunktion von verschiedenen Stellen des Programms mit unterschiedlichen aktuellen Parametern aufgerufen werden kann. Als aktuelle Parameter sind Konstanten, einfache und indizierte Variablen und arithmetische Ausdrücke zulässig. Die arithmetischen Ausdrücke dürfen Aufrufe von Standardfunktionen beinhalten.
Die Funktionen können an beliebiger Stelle im Programm definiert werden. Wichtig ist hierbei nur, daß die Definition vor dem Aufruf erfolgt. Um Fehler zu

vermeiden und die Übersichtlichkeit des Programms zu erhöhen, sollte man generell die Definition sämtlicher benutzten Anweisungsfunktionen an den Anfang des Programms stellen. Die Parameterliste kann in der Definition weggelassen werden. In diesem Fall wird die Funktion beim Aufruf mit den aktuellen Werten der Variablen, die im Ausdruck der Definition vorkommen, errechnet.

```
10   DEF FNP = X * Y
20   FOR X = 1 TO 3
30   Y = X : PRINT FNP,
40   NEXT X
50   END
```
Programm 8/1

Das Programm 8/1 erzeugt somit folgenden Ausdruck

1   4   9

Die nachfolgenden Beispiele sollen die Anwendungsmöglichkeiten der Funktionsunterprogramme verdeutlichen.

Beispiel 1

In der Aufgabe 4/2 sollte der dekadische Logarithmus einer Zahl bestimmt werden. Der dekadische Logarithmus kann über eine Anweisungsfunktion definiert werden, so daß diese Funktion wie die Standardfunktion des natürlichen Logarithmus aufgerufen werden kann.

```
10   DEF FNLG(X) = LOG(X) / LOG(10)
20   INPUT"ZAHL EINGEBEN ";Z
30   PRINT "DEKADISCHER LOGARITHMUS VON ";Z;" IST ";
     FNLG(Z)
40   END
```
Programm 8/2

Beispiel 2

Bei der Berechnung der Quersumme einer Zahl nach Aufgabe 5/6 wurde zunächst einmal die Stelligkeit der Zahl ermittelt. Danach wurde die Zahl sukzessive durch 10 dividiert, wobei die Reste der ganzzahligen Division aufaddiert die Quersumme ergaben. Das Programm 8/3 zeigt eine mögliche Lösung dieser Aufgabe unter Verwendung von Funktionsunterprogrammen für die Bestimmung der Stelligkeit (s. Aufgabe 4/9) und des Restes bei der ganzzahligen Division durch 10 (s. Aufgabe 4/7).

```
10   DEF FNST(Z) = INT(LOG(Z) / LOG(10)) + 1
20   DEF FNR(Z) = Z − INT(Z / 10) * 10
30   INPUT "ZAHL EINGEBEN ";X
35   N = FNST(X)
40   QS = 0
```

```
 50   FOR I = 1 TO N
 60   QS = QS + FNR(X)
 70   X = X / 10
 80   NEXT I
 90   PRINT "QUERSUMME = ";QS
100   END
```
Programm 8/3

Welches Ergebnis liefert dieses Programm für die Zahl 0 und für negative
Zahlen?

Beispiel 3
Die bisherigen Beispiele beschränkten sich auf Funktionsanweisungen, die nur
ein Argument enthielten. Als kleines Beispiel für eine Funktionsanweisung mit
zwei Parametern soll ein Programm geschrieben werden, welches zwei Zahlen
unter Benutzung einer Funktionsanweisung addiert.


```
10   DEF FNAD(A , B) = A + B
20   INPUT X , Y
30   SU = FNAD(X , Y)
40   PRINT SU
50   END
```
Programm 8/4

Ein weiteres Beispiel für die Verwendung von Funktionsanweisungen mit mehr
als einem Parameter ist die Aufgabe 8/4.

8.3 GOSUB Unbedingter Aufruf eines internen Unterprogramms

Wenn gleiche Rechenoperationen an verschiedenen Stellen des Programms
durchgeführt werden müssen, kann man Speicherplatz und Rechenzeit durch die
Verwendung von internen, d.h. im Programm befindlichen, Unterprogrammen
verringern.
Die Verwendung von Formelfunktionen setzt voraus, daß sich das Unterprogramm als eine einzige Anweisung formulieren läßt. In der Praxis ist diese Voraussetzung jedoch nur selten gegeben und BASIC bietet deshalb die Möglichkeit,
interne Unterprogramme zu definieren, die eine beliebige Anzahl von Anweisungen umfassen.

Syntax

GOSUB n
RETURN

n = Anweisungsnummer

Semantik

Durch die GOSUB-Anweisung wird ein internes Unterprogramm aufgerufen.
Die Ausführung des Unterprogramms wird durch eine RETURN-Anweisung
beendet. Der Programmablauf wird dann mit der Anweisung fortgesetzt, die
auf die GOSUB-Anweisung folgt.

Beispiel

```
 10    INPUT A,B
 20    GOSUB 100
 30    PRINT C
 40    END
100    IF A < 0 THEN C = A + B
110    IF A > = 0 THEN C = A * B
120    RETURN
```

Mit dem Befehl GOSUB wird ein internes Unterprogramm aufgerufen. Dieser
Befehl (GO to SUBroutine) ähnelt stark dem unbedingten Sprungbefehl GOTO.
So wird auch bei dem GOSUB-Befehl die Ausführung des Programmes bei der
Anweisung fortgesetzt, deren Zeilennummer dem GOSUB-Befehl folgt. Der
Unterschied zwischen GOSUB und GOTO besteht letztlich darin, daß bei der
GOSUB-Anweisung nach dem Sprung gezielt wieder zu der Anweisung zurück-
gesprungen wird, die der GOSUB-Anweisung unmittelbar folgt. So kann ein
Unterprogramm von verschiedenen Stellen des Programms aus angesprungen
werden, und nach seiner Ausführung wird folgerichtig das Programm an der
Stelle fortgesetzt, die dem Unterprogrammaufruf direkt folgt. Der Rücksprung
wird durch die RETURN-Anweisung bewirkt, die somit das logische Ende eines
Unterprogramms darstellt. Wie ein Hauptprogramm, kann auch ein Unterprogramm mehrere logische Enden haben.
Ein Unterprogramm kann selbst wieder den Aufruf eines Unterprogramms enthalten. Dadurch ist eine Ineinanderschachtelung von Unterprogrammen möglich. Diese erlaubt den Aufbau eines komplexen Programms unter Verwendung
kleiner, übersichtlicher Bausteine, die durch eine hierarchische Struktur miteinander verknüpft sind. Die Schachtelungstiefe wird durch die Kapazität des Arbeitsspeichers begrenzt.

Abbildung 8/1 zeigt die Verknüpfung von Haupt- und Unterprogrammen schematisch:

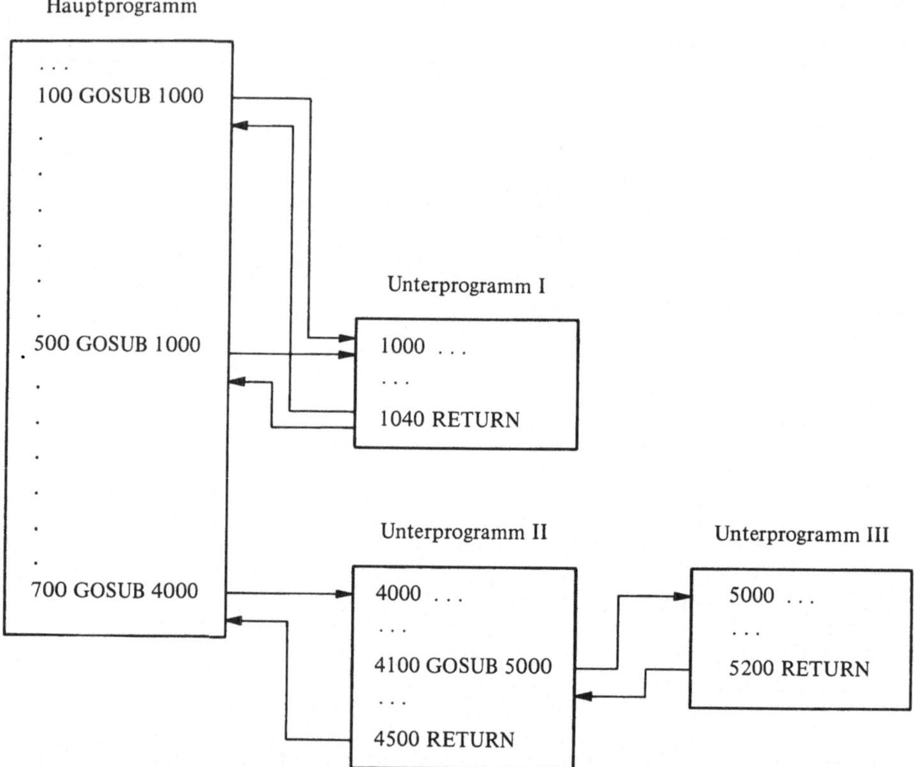

Abb. 8/1. Programmstruktur unter Verwendung von Unterprogrammen

Bei der Verwendung von Unterprogrammen ist darauf zu achten, daß das Unterprogramm nur durch die GOSUB-Anweisung erreicht werden kann. Um dies zu verdeutlichen, gehen wir von einem einfachen Beispiel aus:

```
 10   INPUT A,B
 20   GOSUB 100
 30   PRINT C
100   C = A + B
110   PRINT A;" + ";B;" ERGIBT ";
120   RETURN
```

Programm 8/5

Über eine INPUT-Anweisung werden zwei Zahlen eingegeben. Durch ein Unterprogramm sollen die beiden Zahlen addiert werden. Die eingegebenen Zahlen werden zur Kontrolle noch einmal durch das Unterprogramm, das Ergebnis durch das Hauptprogramm ausgegeben. Das Programm 8/5 soll eine Lösung für diese Aufgabenstellung sein; der Programmablauf ist folgender: Die Anweisung mit der Nummer 10 liest zwei Zahlen ein. Durch die Anweisung 20 wird ein Sprung in ein Unterprogramm veranlaßt, das mit dem Statement 100 beginnt. Die Wertzuweisung addiert die eingegebenen Zahlen und schreibt das Ergebnis auf den Speicherplatz mit dem Namen C. Die PRINT-Anweisung mit der Nummer 110 gibt die eingegebenen Zahlen noch einmal aus. Die folgende RETURN-Anweisung bewirkt, daß das Programm mit der Anweisung 30 fortgesetzt wird, das Ergebnis der Addition wird ausgedruckt. Danach fährt der Rechner mit der Anweisung 100 fort, führt also die Addition aus. Als nächstes wird die Anweisung 110 durchgeführt. Die Eingabewerte werden erneut ausgegeben. In der Zeile 120 stößt der Rechner auf eine RETURN-Anweisung, zu der es keine zugehörige GOSUB-Anweisung gibt. In derartigen Fällen wird eine Fehlermeldung ausgegeben und der Programmablauf abgebrochen.

Dieser fehlerhafte Ablauf ist darauf zurückzuführen, daß das logische Ende des Hauptprogramms vergessen worden ist. Das Programm 8/6 zeigt die korrekte Problemlösung. Führen Sie den Schreibtischtest durch!

```
10    INPUT A , B
20    GOSUB 100
30    PRINT C
40    END
100   C = A + B
110   PRINT A;" + "; B;" ERGIBT ";
120   RETURN
```

Programm 8/6

Eine wesentliche Einschränkung der Anwendungen erfahren die internen Unterprogramme dadurch, daß sämtliche Variablen in BASIC einen globalen Gültigkeitsbereich haben. Das bedeutet, daß gleiche Namen gleiche Speicherplätze symbolisieren und zwar gleichgültig, ob dieser Name im Hauptprogramm oder im Unterprogramm verwendet wird. Andere Programmiersprachen (FORTRAN, PASCAL) erlauben dagegen neben den globalen noch lokale Variablen, d.h. diese Variablen besitzen einen Gültigkeitsbereich, der auf einen Programmbaustein (Haupt- oder Unterprogramm) beschränkt werden kann.

Im Folgenden soll gezeigt werden, wie das in BASIC übliche Konzept des globalen Gültigkeitsbereichs für sämtliche Variablen zu unübersichtlichen und unverständlichen Programmen führen kann:

In der Aufgabe 6/4 wurde ein Programm zur Berechnung der Fakultät geschrieben. Das Programm 8/7 zeigt eine Lösung unter Verwendung eines internen Unterprogramms.

```
10    INPUT Z
20    GOSUB 1000
30    PRINT FK
40    END
1000  FK = 1
```

```
1020   FOR I = 2 TO Z
1030   FK = FK * I
1040   NEXT I
1050   RETURN
```

Programm 8/7

In dieser Aufgabenstellung ist aber die Verwendung eines Unterprogramms nicht zwingend, da kein Vorteil gegenüber der für Aufgabe 6/4 vorgestellten Lösung erreicht wird. Vorteile würde die Verwendung eines Unterprogramms zur Fakultätsberechnung nur dann haben, wenn dieses Programm mehrfach von verschiedenen Stellen des Hauptprogramms aus aufgerufen werden müßte.

Dazu gehen wir von folgender Aufgabenstellung aus:

Wir möchten bestimmen, auf wieviele Arten sich 5 Gegenstände in zwei Gruppen zu zwei und drei Gegenständen aufteilen lassen. Man erhält die Lösung, wenn man folgenden Ausdruck berechnet:

$$\frac{5!}{2!\,3!} = \frac{1 \cdot 2 \cdot 3 \cdot 4 \cdot 5}{1 \cdot 2 \cdot 1 \cdot 2 \cdot 3} = 10$$

Diese Lösung kann man mit 5 durchnumerierten Kugeln nachprüfen. Die Abb. 8/2 zeigt die 10 Möglichkeiten.

```
①②    ③④⑤      ②④    ①③⑤
①③    ②④⑤      ②⑤    ①③④
①④    ②③⑤      ③④    ①②⑤
①⑤    ②③④      ③⑤    ①②④
②③    ①④⑤      ④⑤    ①②③
```

Abb. 8/2. Möglichkeiten, 5 Gegenstände in 2 Gruppen zu 2 und 3 Gegenständen aufzuteilen

Die allgemeine Formel für die Anzahl der Möglichkeiten m, x von y Gegenständen auszuwählen, d.h. für die Anzahl der Kombinationen y Gegenstände in Gruppen zu x Gegenständen anzuordnen, lautet:

$$m = \frac{y!}{x!\,(y - x)!}$$

Wir wollen jetzt ein Programm schreiben, welches Werte für x und y einliest und m berechnet. Zur Berechnung der Fakultät soll das Unterprogramm nach Programm 8/7 benutzt werden.

```
10   INPUT X , Y
20   Z = X
30   GOSUB 1000
40   A1 = FK
50   Z = Y
```

```
  60   GOSUB 1000
  70   A2 = FK
  80   Z = Y − X
  90   GOSUB 1000
 100   A3 = FK
 110   M = A2 / (A1 * A3)
 120   PRINT M
 130   END
1000   FK = 1
1010   FOR I = 2 TO Z
1020   FK = FK * I
1030   NEXT I
1040   RETURN
```

Programm 8/8

Das Programm 8/8 zeigt die Lösung dieser Aufgabe. Da sämtliche Variablen mit gleichen Namen in dem gesamten Programm den gleichen Speicherplatz belegen, kann es zu einem Konflikt kommen, wenn eine im Hauptprogramm verwendete Variable im Unterprogramm als „Hilfsvariable" benutzt wird. In obigem Programm würde beispielsweise der Inhalt des Speicherplatzes I bei jeder Ausführung des Unterprogramms verändert, so daß im Hauptprogramm keine Variable mit dem Namen I verwendet werden darf, wenn der Inhalt dieses Speicherplatzes auch nach Abarbeitung des Unterprogramms noch erhalten bleiben soll. Das globale Speicherkonzept bedingt weiterhin die Umspeicherung der Eingabewerte (Anweisungen 20, 50 und 80) und der Ergebniswerte (Anweisungen 40, 70 und 100) des Unterprogramms. Bei Sprachen mit globalem und lokalem Speicherkonzept (FORTRAN, PASCAL, einige BASIC-Dialekte) läßt sich diese Umspeicherung vermeiden, was zu übersichtlicheren Programmen führt. Auf das Konzept des lokalen und globalen Gültigkeitsbereichs von Variablen wird im Lehrbuch für Fortgeschrittene ausführlich eingegangen. Es sollte an dieser Stelle nur kurz erwähnt werden, um auch dem Anfänger die Möglichkeiten und Grenzen der in BASIC üblicherweise verfügbaren Unterprogrammtechnik aufzuzeigen.

8.4 ON … GOSUB berechneter Aufruf eines internen Unterprogramms

Syntax

```
ON s GOSUB n_1, n_2, n_3, …, n_z
s = Selektor
n_1 … n_z = Anweisungsnummern
```

Semantik

> In Abhängigkeit von einem Selektor (Steuerwert) wird das Unterprogramm aufgerufen, dessen erste Anweisungsnummer in einer Liste von Anweisungsnummern an der Stelle steht, die dem ganzzahligen Wert des Selektors entspricht.

Beispiele

```
ON K GOSUB  5, 10, 21, 1, 8
ON K + 7 GOSUB  1, 10, 20, 50, 8, 10, 1, 10
ON K * (B − 8 / Y) GOSUB  10, 11
ON ABS (X + Y) GOSUB  1, 20, 25
```

Wie bereits erwähnt, ähnelt der GOSUB-Befehl dem unbedingten Sprungbefehl GOTO. Eine Erweiterung der Unterprogrammtechnik stellt der berechnete Aufruf eines internen Unterprogramms dar, der mit dem in Lektion 5 beschriebenen berechneten Sprungbefehl ON ... GOTO vergleichbar ist. Es wird zu der Anweisung (= 1. Anweisung des Unterprogramms) verzweigt, die in der Liste der Anweisungsnummern an der Stelle steht, die durch den ganzzahligen Wert des Selektors gegeben ist. Der Selektor kann eine Variable oder ein arithmetischer Ausdruck sein.

8.5 Zusammenfassung

Die Unterprogrammtechnik wird angewendet, um die wiederholte Programmierung von Programmabschnitten zu vermeiden und um übersichtliche, wartungsfreundliche Programme zu erhalten. BASIC kennt zwei Arten von Unterprogrammen: Formelfunktionen und interne Unterprogramme. Formelfunktionen sind Unterprogramme, die sich durch eine einzige Anweisung formulieren lassen müssen. Interne Unterprogramme können dagegen beliebig viele Anweisungen umfassen. Interne Unterprogramme können ineinander geschachtelt werden.

8.6 Übungsaufgaben

8/1 Was ist hier falsch?

    a) DEF FN(A, B) = A + B / 8
    b) DEF FNX(Y * Z) = 4 * (Y + Z)
    c) DEF FNZ(A, B) = SIN(A) * SQR(ABS(B)

d)   10   DEF FNX(A, B, C) = A + B + C
          ...
      120   R = FNX(Y, Z)
          ...

e)   ...
      100   GOSUB 1000
          ...
      990   PRINT "ERGEBNIS = ";R
     1000   REM UNTERPROGRAMM I
          ...
     1200   RETURN
          ...

f)   ...
      100   IF A = B THEN GOSUB 1000: INPUT C, A1
      110   Y = D + C * A1

8/2 Ergänzen Sie das folgende Programm, welches sechs Lottozahlen (Zufalls-
     zahlen) ausdruckt. Die Zufallszahlen sollen zwischen 1 und 49 liegen (s.
     Aufgaben 4/4, 4/5).

     10   DEF ...
     20   FOR I = 1 TO 6
     30   LZ = FNL
     40   PRINT "LOTTOZAHL ";I;" = ";LZ
     50   NEXT I
     60   END

8/3 Schreiben Sie das Programm zur Aufgabe 6/3 so um, daß die Berechnung der
     Zinseszinsen durch ein Funktionsunterprogramm erfolgt.

8/4 Gegeben ist folgendes Programm:

      10   DEF FNF1 = A + B
      20   DEF FNF2(Z) = Z + A
      30   DEF FNF3(X, Y) = X + Y
      40   DEF FNF4(A, B) = (A + B) * A
      50   A = 2 : B = 3 : X = 4
      60   Z1 = FNF1
      70   Z2 = FNF2(X)
      80   Z3 = FNF3(X, B)
      90   Z4 = FNF3(X, FNF2(B))
     100   Z5 = FNF2(FNF3(X, B))
     110   Z6 = FNF4(B, X)
     120   END

     Welche Werte stehen auf den Speicherplätzen Z1, Z2, Z3, Z4, Z5 und
     Z6?

8/5 Schreiben Sie das Programm nach Aufgabe 7/3 unter Verwendung eines
     Unterprogramms!

8/6 Gegeben ist das folgende Programm:

```
10    A = 5 : B = 8 : C = 4
20    E = B / C
30    I = A − B
40    GOSUB 100
50    PRINT A , B , C , E , I
60    END
100   FOR K = 1 TO I
120   A = A + K
130   NEXT K
140   RETURN
```

Welche Werte werden ausgedruckt?

8/7 Schreiben Sie ein Programm, welches positive und negative Gleitkommazahlen auf zwei Stellen nach dem Komma rundet (s. Aufgabe 4/6). Die
Eingabe der Gleitkommazahl und die Ausgabe der gerundeten Zahl sollen in
einem Hauptprogramm erfolgen. Schreiben Sie je eine Programmversion, bei
der die Rundung durch eine Funktionsanweisung und durch ein internes
Unterprogramm durchgeführt wird!

8/8 Die Funktion e^x soll durch die Potenzreihe

$$e^x = 1 + \frac{x}{1!} + \frac{x^2}{2!} + \frac{x^3}{3!} + \cdots \frac{x^n}{n!}$$

bestimmt werden. Wenn das gerade berechnete Glied kleiner als 0.2% der bis
dahin berechneten Summe ist, wird die Reihenentwicklung abgebrochen.
(In Ergänzung dazu können auch die Reihen zur Berechnung der trigonometrischen Funktionen berechnet werden!)

8/9 Lineare Regression: Für eine Wertetabelle sollen die Werte a und b der
Ausgleichsgeraden $y = ax + b$ bestimmt werden. a und b errechnen sich aus
den folgenden Formeln:

$$b = \frac{\sum y_i \sum x_i^2 - \sum x_i y_i \sum x_i}{n \sum x_i^2 - (\sum x_i)^2}$$

$$a = \frac{n \sum x_i y_i - \sum x_i \sum y_i}{n \sum x_i^2 - (\sum x_i)^2}$$

wobei n die Anzahl der gegebenen Werte darstellen. Der Summationsindex i
läuft von 1 bis n. Die Werte a und b werden so bestimmt, daß die Fehlerquadratsumme ein Minimum annimmt.

8/10 Es ist ein Programm für die Berechnung von $\sqrt{a}$ mit Hilfe der Näherungsformel von Archimedes zu schreiben:

$$x_{neu} = \frac{1}{2}\left(x_{alt} + \frac{a}{x_{alt}}\right)$$

Dabei soll a als erster Näherungswert für x verwendet werden und die Iteration solange durchgeführt werden, bis zwei aufeinanderfolgende Werte für x auf 3 Stellen nach dem Komma übereinstimmen.

Beispiel: Berechnung $\sqrt{2} = 1.414213$

Iteration

1. Schritt $\quad \dfrac{1}{2}\left(2 + \dfrac{2}{2}\right) = 1.50$

2. Schritt $\quad \dfrac{1}{2}\left(1.5 + \dfrac{2}{1.5}\right) = 1.416667$

3. Schritt $\quad \dfrac{1}{2}\left(1.416667 + \dfrac{2}{1.416667}\right) = 1.4142156$

4. Schritt $\quad \dfrac{1}{2}\left(1.4142156 + \dfrac{2}{1.4142156}\right) = 1.4142135$

Abbruch, da zwei aufeinanderfolgende Werte auf 3 Stellen nach dem Komma übereinstimmen!

8/11 Ordnen Sie die nachstehenden Programme nach ihrer benötigten Rechenzeit! Beginnen Sie mit dem Programm, welches die kürzeste Rechenzeit benötigt!

Programm 1
```
10   FOR I = 1 TO 10
20   FOR K = 1 TO 100
30   FOR L = 1 TO 60
40   IF K = 50 THEN 60
50   NEXT L , K , I
60   END
```

Programm 2
```
10   FOR K = 1 TO 100
20   FOR I = 1 TO 10
30   FOR L = 1 TO 60
40   IF K = 50 THEN 60
50   NEXT L , I , K
60   END
```

Programm 3
```
10   FOR L = 1 TO 60
20   FOR K = 1 TO 100
30   FOR I = 1 TO 10
40   IF K = 50 THEN 60
50   NEXT I , K , L
60   END
```

Programm 4
```
10   FOR I = 1 TO 10
20   FOR L = 1 TO 60
30   FOR K = 1 TO 100
```

```
40   IF K = 50 THEN 60
50   NEXT K , L , I
60   END
```

Programm 5
```
10   FOR L = 1 TO 60
20   FOR I = 1 TO 10
30   FOR K = 1 TO 100
40   IF K = 50 THEN 60
50   NEXT K , I , L
60   END
```

Lektion 9. Zeichenketten (Strings)

Lernziele

- *Zeichenketten-Konstanten*
- *Zeichenketten-Variablen*
- *Ein- und Ausgabe von Zeichenketten*
- *Vergleich von Zeichenketten*
- *Operationen mit Zeichenketten*
- *Standardfunktionen zur Zeichenkettenverarbeitung*

9.1 Zeichenketten-Konstanten und -Variablen

In Lektion 1 wurden die Zeichen nach numerischen-, alphabetischen- und Sonderzeichen klassifiziert. Eine lückenlose Aneinanderreihung von numerischen Zeichen stellt einen numerischen Wert, eine Zahl, dar. So besteht z.B. die Zahl 512 aus einer Aneinanderreihung der numerischen Zeichen 5, 1 und 2. Wie die numerischen Zeichen können auch die alphabetischen Zeichen lückenlos aneinandergefügt werden. Als Ergebnis erhält man ein Wort. Das Wort "TAG" besteht aus der lückenlosen Aneinanderreihung der alphabetischen Zeichen T, A und G. Beschränkt man sich nicht auf die alphabetischen Zeichen, sondern schließt die numerischen- und die Sonderzeichen noch mit ein, erhält man eine Zeichenkette, auch „string" genannt. Eine Zeichenkette ist somit eine lückenlose Aneinanderreihung von alphanumerischen- und Sonderzeichen. Jeder beliebige Text ist nach dieser Definition eine Zeichenkette. Die einzelnen Zeichen einer Zeichenkette werden Elemente genannt und sind von links nach rechts fortlaufend durchnumeriert. Das erste Element der Zeichenkette "BASIC" besteht somit aus dem Zeichen B, das zweite Element aus dem Zeichen A usw.
Entsprechend den numerischen Variablen und Konstanten gibt es auch alphanumerische Variablen und Konstanten. Alphanumerische Konstanten (string-Konstanten) erhält man durch eine lückenlose Aneinanderreihung von alphanumerischen- und Sonderzeichen. String-Konstanten müssen in Anführungszeichen gesetzt werden; dabei ist auch eine „leere Zeichenkette" erlaubt, d.h. eine Zeichenkette, die keine Zeichen enthält (s. Beispiel c). Leerzeichen sind zulässig und werden meistens durch die Symbole ⊔ oder ƀ gekennzeichnet (Beispiele g, h).

Beispiele für String-Konstanten:

a) "BASIC-KURS"   b) "HEINRICH"
c) " "   d) "007/815"
e) "4600-Dortmund"   f) "11–15 UHR"
g) "15. ␣ SEPTEMBER"   h) "DASƀAUTOƀISTƀROT"

Zur Speicherung einer Integer-Zahl werden meist 2 Byte, für eine Real-Zahl dagegen 4 Byte benutzt (s. 1.3 und 2.2). Der für eine Zeichenkette benötigte Speicherplatz ist abhängig von der Anzahl der Elemente, aus der die Zeichenkette besteht. Zur Abspeicherung eines Zeichens wird 1 Byte benötigt (s. 1.3). Die Zeichenkette "HEINRICH" braucht demnach 8 Byte Speicher. Damit zwischen numerischen Variablen, die Platzhalter zur Abspeicherung einer Zahl sind, und alphanumerischen Variablen, die eine Speicherstelle zur Abspeicherung einer Zeichenkette symbolisieren, unterschieden werden kann, gilt für alphanumerische Variablen eine zusätzliche Namensregel. Alphanumerische Variablennamen werden gebildet, indem an einen gültigen numerischen Variablennamen ein $-Zeichen angehängt wird. Somit sind folgende Variablennamen gültige String-Variablen:

A\$ X5\$ Z\$ T\$

Ungültig sind dagegen:

1X\$ A%\$ 9A\$ B.\$

9.2 Ein- und Ausgabe von Zeichenketten

Die in Lektion 3 beschriebenen INPUT- und PRINT-Anweisungen dienen zur Ein- und Ausgabe von numerischen und alphanumerischen Werten gleichermaßen. Es muß nur anstelle einer numerischen Konstanten oder Variablen eine alphanumerische Konstante bzw. Variable angegeben werden. Dabei ist darauf zu achten, daß alphanumerische Konstanten in Anführungszeichen gesetzt werden müssen. In den Ein- und Ausgabelisten können numerische- und alphanumerische Werte gemischt verarbeitet werden. Ein Beispiel zeigt das Programmbruchstück 9/1:

```
   ...
   100   INPUT A,B
   110   INPUT A$
   120   INPUT BA$,CA$
   130   INPUT AX,B$,C$,D,Y$
   ...
   200   PRINT BA$,A,C$; AX; Y$; TAB(45) CA$
   210   PRINT "ERGEBNIS = "; (D + A) * B
```
Programm 9/1

Eine mögliche Eingabe für das Programm 9/1 wäre:

```
100    2.63, − 4.8
110    "GUTEN TAG"
120    "WERT1", "WERT2"
130    2, "TEXT", "WORT", 8.4, "KLAUS"
```

Für die PRINT-Anweisungen 200 und 210 gelten entsprechend die Ausführungen in Lektion 3.

9.3 Zeichenketten-Operationen

Die Wertzuweisung für Zeichenketten entspricht der numerischen Wertzuweisung. Zu beachten ist unbedingt, daß String-Konstanten in Anführungszeichen gesetzt werden müssen.

Beispiele:
A$ = "TEXT"
A$ = B$

Als Operator für Zeichenketten ist nur das Pluszeichen (+) zulässig. Dieses Zeichen verkettet zwei oder mehrere Zeichenketten miteinander. Dabei wird jeweils der String, der rechts vom +-Zeichen steht, an das Ende der Zeichenkette angefügt, die links vom +-Zeichen steht. Ein Beispiel zeigt das Programm 9/2. Dies Programm druckt die Zeichenketten WASSERFALL, VERDIENSTAUS-FALL und KINDERGARTEN in je einer neuen Zeile aus.

```
10    A$ = "WASSER"
20    B$ = "FALL"
30    C$ = "VERDIENST"
40    PRINT A$ + B$
50    D$ = C$ + "AUS" + B$
60    PRINT D$
70    PRINT "KINDER" + "GARTEN"
80    END
```
Programm 9/2

9.4 Zeichenketten-Vergleich

Jedem Zeichen ist intern ein Wert zugeordnet, der der bekannten lexikalischen Rangfolge entspricht: 0, 1, 2, 3 ... 9, A, B, C ... Y, Z. Aufgrund der Zuordnung eines Wertes für jedes Zeichen kann ein Vergleich von Zeichen und Zeichenketten erfolgen.
Beim Vergleich von Zeichen und Zeichenketten können die gleichen Vergleichsoperatoren angewendet werden wie bei den numerischen Ausdrücken. Der Vergleich wird Zeichen für Zeichen solange durchgeführt, bis eine Abweichung festgestellt wird. Wenn während eines Vergleichs das Ende einer Zeichenkette erreicht ist, wird die kürzere Zeichenkette als die kleinere angesehen. Nach-

stehend sind beispielhaft einige Zeichen und Zeichenketten in ihrer Rangfolge angegeben:

Rangfolge	Zeichenkette
1	8
2	81
3	A1
4	AA
5	OTTO
6	OTTO HEINRICH
7	XAVER

9.5 Standardfunktionen zur Zeichenkettenverarbeitung

In Lektion 4 wurden Standardfunktionen zur Verarbeitung von numerischen Werten besprochen. BASIC stellt als Ergänzung dazu mehrere Standardfunktionen zur Verfügung, mit denen alphanumerische Werte verarbeitet werden können. Die Funktionen werden im folgenden einzeln erläutert. Eine Zusammenstellung sämtlicher in BASIC verfügbaren Standardfunktionen ist in Anhang 3 zu finden. Es gibt BASIC-Dialekte, die weitere Funktionen enthalten, auf deren Besprechung hier aber verzichtet werden soll.

a steht stellvertretend für eine Zeichenkettenkonstante, eine -variable oder einen -ausdruck. n symbolisiert eine numerische Konstante, -Variable oder einen -Ausdruck.

LEN (*a*)
Diese Funktion gibt die Länge einer Zeichenkette an. Darunter versteht man die Anzahl der Zeichen, aus denen die Zeichenkette besteht. Das Leerzeichen (blank, ⊔, ƀ) stellt ein gültiges Zeichen dar und wird somit mitgezählt. Eine leere Zeichenkette (Nullstring) (s. Beispiel c Abschn. 9.1) hat die Länge 0.

Beispiele:

a) *Zeichenkettenkonstante*
   X = LEN ("BASIC")
   Dem Speicherplatz X wird der Wert 5 zugewiesen.

b) *Zeichenkettenvariable*
   10   A$ = "COMPUTER"
   20   X = LEN (A$)
   30   END
   Dem Speicherplatz X wird der Wert 8 zugewiesen.

c) *Zeichenkettenausdruck*
   10   A$ = "KINDER"
   20   X = LEN (A$ + "GARTEN")
   30   END
   Dem Speicherplatz X wird der Wert 12 zugewiesen.

LEFT$ (a,n)
Mit dieser Funktion können Teilketten aus einer Zeichenkette herausgefiltert
werden. Der Aufruf LEFT$ (X$,I) ergibt eine Zeichenkette, die aus den ersten
I-Zeichen der Zeichenkette X$ besteht. Wenn I mit der Länge von X$ übereinstimmt, ergibt die LEFT$-Anweisung die gesamte Zeichenkette X$.

Beispiele:
a) LEFT$ ("KINDERGARTEN", 6)
   Ergebnis: KINDER
b) LEFT$ ("KINDER" + "GARTEN", 4)
   Ergebnis: KIND

RIGHT$ (a,n)
Der Aufruf von RIGHT$ (X$,I) ergibt eine Zeichenkette, die aus den letzten
I-Zeichen der Zeichenkette X$ besteht.

Beispiel:
RIGHT$ ("WASSER", 2)
Ergebnis: ER

MID$ (a, n_1 [, n_2])
Mit der Funktion MID$ können Teile von Zeichenketten an beliebiger Stelle
ausgewählt werden. Sie ergänzt damit die Funktionen RIGHT$ und LEFT$, mit
denen Teilketten nur ausgehend vom letzten bzw. ersten Zeichen der ursprünglichen Zeichenkette gebildet werden können. Die Funktion MID$ kann mit zwei
oder drei Argumenten aufgerufen werden.

a) *MID$ mit 2 Argumenten*
   Der Aufruf MID$ (X$,I) bewirkt, daß beginnend mit dem Element I der
   Zeichenkette X$ sämtliche restlichen Elemente der Zeichenkette X$ als Teil-
   kette ausgewählt werden. Wenn der Wert für I größer ist als die Anzahl der
   Elemente der Zeichenkette X$, ergibt MID$ eine Zeichenkette mit der Länge
   0 (leere Zeichenkette).

   Beispiel:
   ```
   10   A$ = "WASSERFALL"
   20   B$ = MID$ (A$, 7)
   30   PRINT B$
   40   END
   ```
   Der Variablen B$ wird die Zeichenkette FALL zugewiesen.

b) *MID$ mit 3 Argumenten*
   Die Funktion MID$ kann auch mit drei Argumenten aufgerufen werden.
   MID$ (X$,I,J) gibt eine Teilkette wieder, die aus J-Zeichen von X$ besteht
   und mit dem I-ten Zeichen von X$ beginnt.

   Beispiel:
   ```
   10   A$ = "WASSERFALL"
   20   B$ = MID$ (A$, 5, 2)
   30   PRINT B$ : END
   ```
   Der Variablen B$ wird die Zeichenkette ER zugewiesen.

9.6 Indizierte Zeichenkettenvariablen

Die Länge einer Zeichenkette, die auf einer String-Variablen abgespeichert werden kann, ist auf 255 Zeichen begrenzt. Viele praktische Anwendungen erfordern aber, daß ein längerer Text im Hauptspeicher zur Verarbeitung gespeichert werden kann. Ein Beispiel hierfür sind die bekannten „Textautomaten". Diese bestehen aus einer Zentraleinheit, einem peripheren Platten- oder Diskettenspeicher, einem Drucker und einem Programmsystem, welches die Verarbeitung von Texten jeglicher Art ermöglicht. So können mit diesen Computern beispielsweise Standardbriefe automatisch mit persönlichen Anreden versehen, Texte in verschiedenen Formaten ausgedruckt, leicht und effektiv korrigiert werden.
Will man einen längeren Text im Arbeitsspeicher zur Verfügung halten, so benutzt man indizierte Stringvariablen. Für diese gilt das in Lektion 7 für indizierte numerische Variablen Gesagte gleichermaßen. Sinnvollerweise speichert man einen Text in einer einfach indizierten Stringvariablen ab, wobei die Nummer der Textzeile dem Index entspricht. Ein Programm, das einen Text einliest, könnte so geschrieben werden:

```
10   DIM T$(30)
20   INPUT "ANZAHL DER TEXTZEILEN"; NT
30   FOR I = 1 TO NT
40   INPUT T$(I)
50   NEXT I
··········· ···      weitere Verarbeitung des Textes
```

Programm 9/3

Die Anzahl der Textzeilen ist durch die Angabe in der DIM-Anweisung im Statement 10 auf 30 Zeilen à 255 Zeichen begrenzt. Mit der DIM-Anweisung können numerische und alphanumerische Variablen nebeneinander als Felder definiert werden.

Beispiel:
DIM A$(120), B(20,3), X$(4,6)

9.7 Programmbeispiele zur Textverarbeitung

Nachfolgend sollen Programmbeispiele wiedergegeben werden, die eine Anwendung der behandelten Befehle zeigen.

Beispiel 1
In einem beliebigen Text soll gezählt werden, wie oft ein bestimmtes Zeichen vorkommt. Das Zeichen und der Text sollen über eine INPUT-Anweisung eingelesen werden. Das Programm 9/3 setzt voraus, daß die Anzahl der einzulesenden Textzeilen bekannt ist. Wie in Lektion 5 (Probleme 2 und 3) bereits für die numerische Verarbeitung gezeigt, sollen hier solange Textzeilen eingelesen werden, bis ein bestimmtes Abbruchkriterium erfüllt ist. Als Abbruchkriterium wird definiert, daß die letzte Textzeile mit der Teilzeichenkette * ENDE * enden

muß. Die einzelnen Textzeilen werden sofort verarbeitet und nicht erst in einem
Feld wie bei Programm 9/3 abgespeichert.

```
10   INPUT "ZEICHEN"; B$
20   REM PRUEFUNG AUF GUELTIGE EINGABE
30   IF NOT LEN (B$) = 1 THEN 10
40   NZ = 0 : EN = 0
50   INPUT "TEXT"; T$
60   E = LEN (T$)
70   REM ABBRUCHKRITERIUM
80   IF RIGHT$ (T$ , 6) = "*ENDE*" THEN EN = 1 : E = E − 6
90   FOR I = 1 TO E
100  IF MID$ (T$ , I , 1) = B$ THEN NZ = NZ + 1
110  NEXT I
120  IF EN = 0 THEN 50
130  PRINT "IN DEM TEXT KAM DAS ZEICHEN "; B$;" ";NZ;"
     MAL VOR"
140  END
```
Programm 9/4

Das Programm 9/4 stellt ein Programm dar, das stellvertretend für eine
Programm-Klasse stehen kann, die eine Textanalyse für Sprachwissenschaften
vornehmen (weiteres Beispiel s. Übungsaufgabe 9/9). Führen Sie den Schreibtischtest für folgende Eingabe durch:

Zeile 10	O
Zeile 50	DA STEH' ICH NUN, ICH ARMER TOR!
Zeile 50	UND BIN SO KLUG ALS WIE ZUVOR *ENDE*

Beispiel 2
In einer beliebigen Textzeile soll ein Zeichen durch ein anderes ersetzt werden.
Dieses Programm kann stellvertretend für einen Baustein eines Textverarbei-
tungsprogramms stehen. Der Einsatz eines Zeichens durch ein anderes dient hier
zur Korrektur eines Textes (s. Übungsaufgaben 9/7 und 9/10).

```
10   INPUT "ERSATZBUCHSTABE, ZU ERSETZENDER
     BUCHSTABE "; E$ , Z$
20   INPUT "TEXTZEILE ";T$
30   REM LEERE ZEICHENKETTE
40   TK$ = ""
50   FOR I = 1 TO LEN (T$)
60   IF MID$ (T$ , I , 1) = Z$ THEN 80
70   TK$ = TK$ + MID$ (T$ , I , 1) : GOTO 90
80   TK$ = TK$ + E$
90   NEXT I
100  PRINT TK$
```
Programm 9/5

Führen Sie den Schreibtischtest durch mit

E$ = "0"   Z$ = "A"   T$ = "TANNE"

Beispiel 3
Wörter, die vorwärts und rückwärts gelesen einen Sinn ergeben, nennt man
Palindrome (z.B. NEGER – REGEN). Es soll ein Programm geschrieben wer-
den, das eine Zeichenkette einliest und die Reihenfolge der in ihr enthaltenen
Zeichen umdreht (invertiert).

```
10   INPUT T$
20   TI$ = ""
30   FOR I = 1 TO LEN(T$)
40   TI$ = TI$ + MID$(T$,LEN(T$) + 1 – I,1)
50   NEXT I
60   PRINT TI$
70   END
```
Programm 9/6

Die Stringvariable TI$ enthält den invertierten Text. Führen Sie das Programm
mit T$ = "LESE" durch!
Etwas einfacher ist die Durchführung der Inversion zu programmieren, wenn
man für den Text eine indizierte Textvariable definiert, die pro Index nur einen
Buchstaben enthält. Das Programm 9/7 zeigt die Lösung:

```
10    DIM T$(20), TI$(20)
20    INPUT "ANZAHL DER BUCHSTABEN "; NB
30    FOR I = 1 TO NB
40    INPUT T$(I);
50    NEXT I
60    FOR I = 1 TO NB
70    TI$(I) = T$(NB + 1 – I)
80    NEXT I
90    PRINT "INVERTIERTER TEXT"
100   FOR I = 1 TO NB
110   PRINT TI $(I);
120   NEXT I
130   END
```
Programm 9/7

Führen Sie den Schreibtischtest durch!

Beispiel 4
Eine Reihe von Spielen haben das „Erraten" von Wörtern zum Inhalt. Das
Programm 9/8 ist ein einfaches Spielprogramm, welches durch eine Zufalls-

zahl aus einer abgespeicherten Anzahl von Wörtern „zufällig" eines auswählt, das geraten werden soll (s. Aufgaben 4/4, 4/5). Um den Ratevorgang zu erleichtern, kann der Spieler fragen, ob ein bestimmter Buchstabe in dem Wort vorkommt. Ist dieser Buchstabe in dem Wort enthalten, wird angezeigt, an welchen Stellen er steht. Die Anzahl der vergeblichen Rateversuche wird gezählt und als Minuspunkte angegeben. Nachfolgend wird ein Beispiel für ein Ratespiel gegeben. Versuchen Sie, anhand dieses Beispieles den Programmablauf zu verstehen.

```
1   REM   *PROGRAMM RATEWORT*
10  DIM A$(9),C$(20)
20  A$(1) = "MARIA"
30  A$(2) = "BRUDER"
40  A$(3) = "SCHNAPS"
50  A$(4) = "KORSIKA"
60  A$(5) = "UMWELTSCHUTZ"
70  A$(6) = "REITPFERD"
80  A$(7) = "BRIEFTRAEGER"
90  A$(8) = "TANZSCHULE"
100 A$(9) = "BETRUNKEN"
101 N = 0
110 X =   INT ( RND (1) * 9) + 1
112 G$ = A$(X)
120   FOR I = 1 TO  LEN (G$)
130   PRINT ".";:C$(I) = "."
140   NEXT I
145   PRINT : PRINT
160   INPUT "BUCHSTABE ";B$: PRINT

166 Z = 0
170   FOR I = 1 TO  LEN (G$)
180   IF  MID$ (G$,I,1) = B$ THEN
      C$(I) = B$:Z = 1
190   NEXT I
200   IF Z = 0 THEN  PRINT : PRINT
      "BUCHSTABE NICHT VORHANDEN":
       PRINT :N = N + 1: GOTO 145
220   FOR I = 1 TO  LEN (G$)
230   PRINT C$(I);
250   NEXT I
255   PRINT : PRINT
260   FOR I = 1 TO  LEN (G$)
270   IF C$(I) = "." THEN 160
280   NEXT I
300   PRINT "GLUECKWUNSCH"
310   PRINT
320   PRINT "MINUSPUNKTE ";N
330   PRINT : INPUT "NEUES WORT (J
      A/NEIN)";D$
340   IF D$ = "JA" THEN 101
350   END
```

Programm 9/8 mit Beispiellauf

```
. . . . . . . . . . .

BUCHSTABE E

...E....E.E.

BUCHSTABE A

...E...AE.E.

BUCHSTABE I

..IE...AE.E.

BUCHSTABE O

BUCHSTABE NICHT VORHANDEN

BUCHSTABE U

BUCHSTABE NICHT VORHANDEN

BUCHSTABE B

B.IE...AE.E.

BUCHSTABE R

BRIE..RAE.ER

BUCHSTABE T

BRIE.TRAE.ER

BUCHSTABE F

BRIEFTRAE.ER

BUCHSTABE G

BRIEFTRAEGER

GLUECKWUNSCH

MINUSPUNKTE 2

NEUES WORT (JA/NEIN)NEIN
```

9.8 Zusammenfassung

Eine Zeichenkette (String) ist eine lückenlose Aneinanderreihung von Zeichen.
Als Zeichen ist die Gesamtmenge aller Zeichen (alphabetische-, numerische-
und Sonderzeichen) zulässig. Für die Verarbeitung von Zeichenketten stehen der Verkettungsoperator + und eine Reihe von Standardfunktionen zur
Verfügung, von denen LEN, RIGHT\$, LEFT\$ und MID\$ die wichtigsten
sind.

9.9 Übungsaufgaben

9/1 Was ist hier falsch?
   a) A.\$ = "C"
   b) A\$ = B\$ + Y
   c) LEFT\$ (A\$, 1) = "E"
   d) AB = MID\$ (X\$, 5)
   e) A\$ (I) = B\$ (Z) + D\$ + "AB
   f) X\$ = A\$ − B\$

9/2 Warum müssen alphanumerische Konstanten in Anführungszeichen gesetzt
   werden?

9/3 Welchen Ausdruck erzeugt das folgende Programm?

```
10   A$ = "KETTE"
20   FOR I = 1 TO 5
30   PRINT TAB (I * 5) LEFT$ (A$ , I)
40   NEXT
50   END
```

9/4 Schreiben Sie ein internes Unterprogramm, welches die Funktionen LEFT\$
   und MID\$ ersetzen kann. Ergänzen Sie das Programm b, so daß die Pro-
   gramme a und b identische Ergebnisse liefern!

```
a) 10   INPUT A$ , L , A , E
   20   B$ = LEFT$ (A$ , L)
   30   PRINT B$
   40   C$ = MID$ (A$ , A , E)
   50   PRINT C$
   60   END

b) 10   INPUT A$ , L , A , E
   20   GOSUB 1000
   30   PRINT B$
   40   GOSUB 2000
   50   PRINT C$
   60   END

1000   REM UNTERPROGRAMM FUER LEFT$
   ...

1990   RETURN
```

```
2000   REM UNTERPROGRAMM FUER MID$
...
2990   RETURN
```

Anmerkung:
Für LEFT$ sollen zwei Versionen unter Verwendung des Operators ' + ' und der Funktion MID$, für MID$ soll eine Version unter Verwendung der Funktionen RIGHT$ und LEFT$ geschrieben werden.

9/5 Ergänzen Sie das untenstehende Programm, so daß die eingegebenen Wörter (z. B. Namen) alphabetisch in aufsteigender Reihenfolge sortiert werden. (Es können aufgrund der Dimensionierung für N maximal 100 Wörter verarbeitet werden.)

```
10   DIM N$(100)
20   INPUT "ANZAHL DER WOERTER "; NW
30   FOR I = 1 TO NW
40   INPUT N$(I)
50   NEXT I
...
300   PRINT "ALPHABETISCH SORTIERTE WOERTER"
310   FOR I = 1 TO NW
320   PRINT N$(I)
330   NEXT I
340   END
```

9/6 Schreiben Sie ein Programm, welches solange Textzeilen einliest, bis eine Textzeile mit * ENDE * abgeschlossen wird und die Anzahl der im Text vorkommenden Wörter bestimmt.

9/7 Schreiben Sie ein Programm, welches eine Textzeile einliest und ein frei wählbares Wort durch ein anderes ersetzt. Ergänzen Sie das angegebene Programm:

```
10   INPUT "TEXTZEILE"; T$
20   INPUT "WELCHES WORT SOLL ERSETZT WERDEN? ";A$
30   INPUT "ERSATZWORT ";E$
...
300   PRINT T$
310   END
```

9/8 Die Funktionen RIGHT$ und LEFT$ können durch die Funktion MID$ ersetzt werden. Schreiben Sie die nachstehenden Anweisungen unter Verwendung von MID$.
a) X$ = LEFT$ (A$, N)
b) X$ = RIGHT$ (A$, N)

9/9 Schreiben Sie ein Programm, das zählt, wie oft eine Silbe in einem beliebigen Text vorkommt!

9/10 Schreiben Sie ein Programm, das einen „linksbündig" eingelesenen Text „rechtsbündig" wieder ausdruckt! Ergänzen Sie das nachstehende Programm!

```
10    DIM T$ (30)
20    INPUT "ANZAHL DER ZEILEN "; NZ
30    FOR I = 1 TO NZ
40    INPUT T$ (I)
50    NEXT I
...
300   FOR I = 1 TO NZ
310   PRINT T$ (I)
320   NEXT I
330   END
```

Beispiel:

Eingabe: 5   Ausgabe: Alle meine Entchen
            Alle meine Entchen   schwimmen auf dem See
            schwimmen auf dem See   schwimmen auf dem See
            schwimmen auf dem See   Köpfchen in das Wasser
            Köpfchen...   ...

9/11 Schreiben Sie das Programm 9/7 nur mit einem Feld!

```
10    DIM T$ (20)
20    INPUT NB
30    FOR I = 1 TO NB
40    INPUT T$ (I);
50    NEXT I
...          Inversion
200   PRINT "INVERTIERTER TEXT"
210   FOR I = 1 TO NB
220   PRINT T$ (I);
230   NEXT I
240   END
```

9/12 Schreiben Sie ein Programm, das eine Sinuskurve graphisch nach dem untenstehenden Druckbild ausgibt!

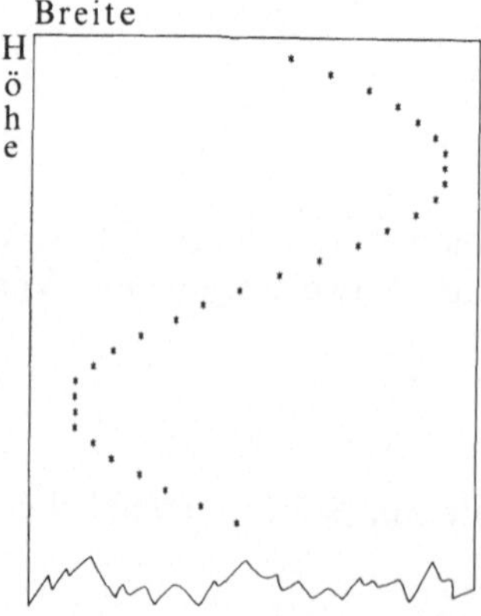

Lektion 10. Dateien

Lernziele

- *Datenträger und Externspeicher*
- *Dateien mit sequentiellem Zugriff*
- *Dateien mit wahlfreiem Zugriff*

10.1 Allgemeine Einführung

Der Arbeitsspeicher enthält neben dem auszuführenden Programm auch die Daten, die direkt vom Programm verarbeitet werden sollen. Viele Problemstellungen – besonders aus dem kommerziellen Bereich – verlangen jedoch die Verarbeitung so großer Datenmengen, daß die Kapazität des Arbeitsspeichers bei weitem nicht ausreicht. Das Programm der Übungsaufgabe 9/5 soll beispielsweise dazu benutzt werden, ein Telefonbuch für eine mittlere Stadt zu erstellen. Zu diesem Zweck werden die Anschriften der Fernsprechteilnehmer in beliebiger Reihenfolge eingegeben, vom Programm alphabetisch sortiert und als Liste ausgedruckt. Das Programm 9/5 setzt aber voraus, daß die Daten sämtlicher Fernsprechteilnehmer im Arbeitsspeicher zur Verfügung stehen. Um die benötigte Kapazität des Arbeitsspeichers abzuschätzen, geht man von Folgendem aus: Pro Teilnehmer werden ca. 60 Byte benötigt (Vorname 15 Zeichen (15 Byte), Nachname 15 Zeichen (15 Byte), Straße 20 Zeichen (20 Byte), Tel.-Nr. 7 Zeichen (7 Byte)). Bei einer mittleren Stadt mit ca. 20 000 Fernsprechteilnehmern wäre die erforderliche Kapazität des Hauptspeichers ca. 1170 KB (1 200 000 Byte: 1024 $\approx$ 1170 KB). Die Speicherkapazität eines Kleincomputers mit ca. 64 KB oder einer mittleren Rechenanlage mit ca. 250 KB würde damit um ein Vielfaches überschritten. Zwar verfügen heute die Großrechenanlagen schon über eine Speicherkapazität von mehreren Mega-Byte, und die Hauptspeicherkapazität der Kleinrechner von morgen wird einen ähnlichen Umfang haben, wie die der Großrechner von heute. Es ist aber auf längere Sicht nicht realisierbar, auf die preiswerten Externspeicher mit hoher Kapazität zu verzichten (s. Abschn. 1.1.2). Es bleibt der Geschicklichkeit des Programmierers überlassen, das Zusammenspiel von Externspeicher und Hauptspeicher sinnvoll zu gestalten. Die komplette Datenmenge sollte auf einem Externspeicher abgelegt werden und nur die Teilmenge der Daten in den Hauptspeicher übertragen werden, die für jeweils einen Verarbeitungsabschnitt direkt

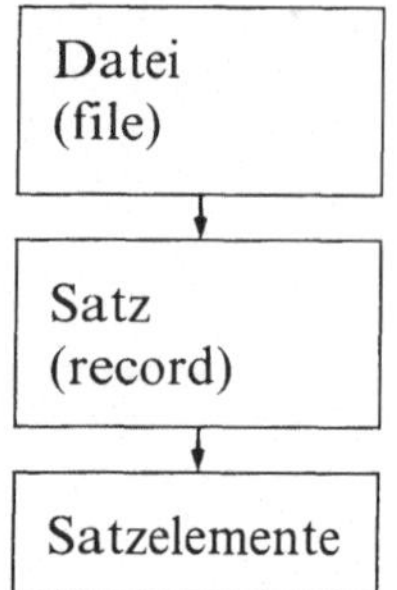

Abb. 10/1. Datenorganisation

benötigt wird. Die Effizienz der Verarbeitung ist stark davon abhängig, wie die Daten auf dem Externspeicher organisiert sind.

Unter Organisation von Daten versteht man die Bildung von Datenuntermengen aus einem großen Datenbestand. Diese Untermengen enthalten logisch zusammengehörige Daten und strukturieren so den gesamten Datenbestand. Es ist möglich, eine Hierarchie von Untermengen aufzubauen. Bei den meisten Programmiersprachen sind drei hierarchische Ebenen möglich: Datei, Satz und Element eines Satzes. Anstelle von Datei und Satz sind auch die englischen Bezeichnungen File und Record üblich. Durch diese Aufteilung der Daten in hierarchisch abhängige Untermengen ist der Zugriffsweg auf einzelne Daten des kompletten Bestandes festgelegt (s. Abschn. 10.2 und 10.3). Bei der Organisation einer Datenmenge ist es dem Programmierer überlassen, nach welchen Kriterien er die Untermengen auswählt. Ein kleines Beispiel soll diesen Sachverhalt verdeutlichen: Die Mitarbeiter einer großen Firma, die mehrere Zweigbetriebe unterhält, sollen in einer Personaldatei abgespeichert werden. Von jedem Mitarbeiter sollen die Personalnummer, das Geburtsdatum, die Anschrift, die Bankverbindung, das Eintrittsdatum in die Firma, der monatliche Bruttoverdienst und der Zweigbetrieb, in dem er beschäftigt ist, erfaßt werden. Eine mögliche Strukturierung der Daten ist in Abb. 10/2 gezeigt. Für jeden Zweigbetrieb wird ein eigener File reserviert, dessen einzelne Sätze jeweils die Daten eines Mitarbeiters beinhalten.

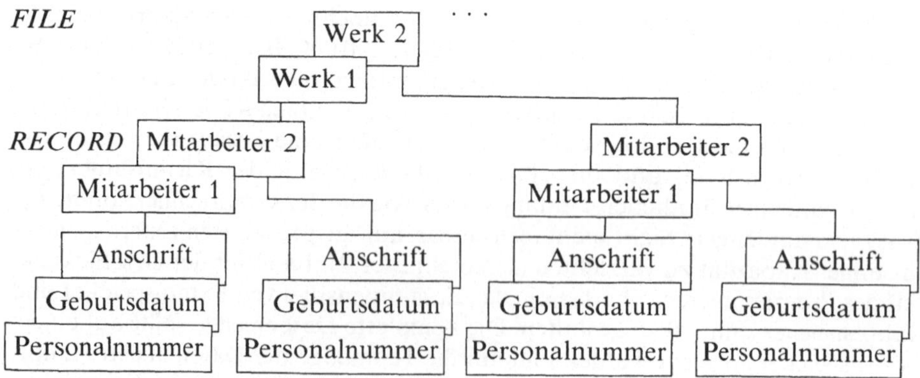

Abb. 10/2. Beispiel für eine Datenstrukturierung

Record 1	Personalnr. Mitarbeiter 1	Personalnr. Mitarbeiter 2	...	Personalnr. Mitarbeiter n
Record 2	Geb.Datum Mitarbeiter 1	Geb.Datum Mitarbeiter 2	...	Geb.Datum Mitarbeiter n
FILE Record 3	Anschrift Mitarbeiter 1	Anschrift Mitarbeiter 2	...	Anschrift Mitarbeiter n
Record 4	Zweigwerk Mitarbeiter 1	Zweigwerk Mitarbeiter 2	...	Zweigwerk Mitarbeiter n

...

Record m

Abb. 10/3. Beispiel 2 für eine Datenstrukturierung

Diese Organisation der Daten wäre für Verarbeitungen vorteilhaft, die eine
Auswertung des Datenbestandes (getrennt nach einzelnen Zweigbetrieben)
durchführen sollen. Eine andere Organisationsform des Datenbestandes ist
in Abb. 10/3 dargestellt. Diese Organisationsform hätte bei Verarbeitungen
Vorteile, die eine Auswertung des Datenbestandes bezüglich einzelner Merk-
male der Mitarbeiter durchführen sollen, wie z. B. statistische Auswertung
der Altersstruktur des Mitarbeiterstabes, Fluktuation der Beschäftigten usw.
Die Organisationsform des Beispiels 2 unterscheidet sich von der des Beispiels 1
dadurch, daß hier die Daten in nur einer Datei zusammengefaßt sind. Ein Merk-
mal – z.B. Geburtsdatum oder Anschrift – ist für alle Mitarbeiter in einem Satz
gespeichert. Ein „horizontales" Lesen der Datei ergibt also eine Übersicht über
den gesamten Mitarbeiterstab bezüglich der ausgewählten Eigenschaft. Ein
„vertikales" Lesen dagegen stellt die Information über einen Mitarbeiter zusammen. Bei der Organisation nach Beispiel 2 liegt im Prinzip eine zweidimensionale

Record 1	Personalnr. Mitarbeiter 1	Geb.Datum Mitarbeiter 1	...	Bruttoverd. Mitarbeiter 1
FILE Record 2	Personalnr. Mitarbeiter 2	Geb.Datum Mitarbeiter 2	...	Bruttoverd. Mitarbeiter 2
Record n	Personalnr. Mitarbeiter n	Geb.Datum Mitarbeiter n	...	Bruttoverd. Mitarbeiter n

Abb. 10/4. Beispiel 3 für eine Datenstrukturierung

Tabelle vor, deren Spalten die Informationen über einen Mitarbeiter und deren Zeilen die Informationen einer Eigenschaft enthalten. Vertauscht man die Anordnung der Zeilen und der Spalten, so kommt man zu der in Abb. 10/4 dargestellten Organisationsform. Die Organisation einer Datenmenge in Form von einer oder mehreren zweidimensionalen Tabellen nennt man relationale Struktur. Im Gegensatz dazu steht eine hierarchische Struktur, wie sie nach Abb. 10/2 in Beispiel 1 gegeben ist.

10.2 Befehle zur Dateiverarbeitung

Die Befehle zur Dateiverarbeitung sind in BASIC leider nicht genormt, so daß der Leser im Handbuch für den jeweiligen Computer nachschlagen muß. Wenn hier deshalb auch keine allgemeingültige Darstellung der Befehle gegeben werden kann, so soll doch das gemeinsame Prinzip im Umgang mit den Dateiverarbeitungsbefehlen herausgestellt werden.
Bevor auf die Daten einer Datei zugegriffen werden kann, muß die Datei mit dem Befehl OPEN eröffnet werden. Dadurch wird im Arbeitsspeicher ein Speicherbereich als Datenpuffer reserviert, in den die Daten oder Teile der Daten der jeweiligen Datei für den Zugriff durch die Ein- und Ausgabebefehle übertragen werden. Die Anzahl der Dateien, die gleichzeitig geöffnet, also für den Datenzugriff zur Verfügung stehen, ist deshalb bei kleineren Rechenanlagen mit begrenzter Arbeitsspeicherkapazität eingeschränkt.
Die Befehle zur Ein- und Ausgabe für die Datenverarbeitung entsprechen den Befehlen zur Ein- und Ausgabe auf Hauptspeicherplätzen (INPUT bzw. PRINT).
Ist die Verarbeitung einer Datei beendet, so soll sie durch den Befehl CLOSE geschlossen werden. Das Schließen einer Datei bewirkt, daß der Datenpuffer wieder freigegeben wird.

10.3 Dateien mit sequentiellem Zugriff

In Abschn. 10/1 wurde gezeigt, daß Daten in Dateien organisiert werden können. Die Dateien untergliedern sich in Sätze, die eine Anzahl von Datenelementen enthalten. Die Sätze einer Datei bilden die kleinste Einheit, auf die lesend oder schreibend zugegriffen werden kann.
Man unterscheidet zwischen dem sequentiellen (reihenweisen) und dem direct access (wahlfreien) Zugriff auf die einzelnen Sätze einer Datei. Bei der sequentiellen Zugriffsmethode kann auf die einzelnen Sätze einer Datei nur hintereinander zugegriffen werden, d.h.: Sämtliche Sätze, die vor dem zu lesenden Satz stehen, müssen erst überlesen werden, bevor auf den gewünschten Satz zugegriffen

Magnetbandspeicher

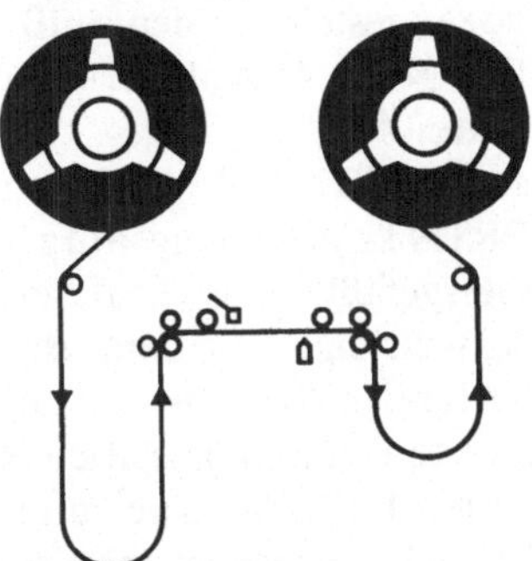

Abb. 10/5. Speichermedium Magnetband (aus: Grundlagen der Datenverarbeitung, IBM Deutschland GmbH, 1975)

werden kann. Das klassische Speichermedium für Dateien mit sequentiellem Zugriff ist das Magnetband (Abb. 10/5). Hier sind die einzelnen Dateien hintereinander angeordnet. Auf einem Magnetband können mehrere Dateien abgespeichert werden. Die einzelnen Dateien werden durch ein Datenkennzeichen, der sogenannten EOF-Marke (end of file), voneinander getrennt (s. Abb. 10/6).

FILE 1   FILE 2

Record 1	Record 2	⋯	Record n	EOF	Record 1	Record 2	⋯	Record n	EOF

Abb. 10/6. Struktur einer Magnetbanddatensammlung

Bevor Daten auf eine Datei abgespeichert oder von einer Datei gelesen werden, muß die Datei mit dem Befehl OPEN eröffnet werden. Nach diesem Befehl wird die Zugriffsart und die Dateinummer angegeben. Zur Kennzeichnung der sequentiellen Zugriffsmethode soll hier das Zeichen „S" dienen. Die Datei wird in diesem Buch durch einen numerischen Wert identifiziert. Beispiel: Mit dem Befehl OPEN "S",43 wird die Datei mit der Nummer 43 eröffnet. Auf die Daten dieser Datei kann sequentiell zugegriffen werden. Viele BASIC-Versionen erlauben aber auch alphanumerische Dateibezeichnungen.

Das Schließen der Datei erfolgt sinngemäß. Da hier aber die Angabe der Zugriffsmethode überflüssig ist, kann sie entfallen. So wird mit dem Befehl CLOSE 43 die Datei mit der Nummer 43 wieder geschlossen.

Die Ein- und Ausgabe erfolgt mit dem INPUT- bzw. PRINT-Befehl. Es gelten hier eingeschränkt die Ausführungen der Lektion 3. Hinter dem Schlüsselwort

INPUT bzw. PRINT folgt die Angabe der Dateinummer, der das #-Zeichen vorangestellt werden muß. Danach wird die Variablenliste aufgeführt. Der Befehl PRINT # 4; A, B, C schreibt die Inhalte der Speicherstellen A, B und C auf die Datei 4.

Jeder PRINT-Befehl bewirkt, daß ein neuer Satz geschrieben wird. Alle in einer PRINT-Anweisung aufgeführten Daten werden also in einem Record zusammengefaßt. Das Einlesen von Daten erfolgt sinngemäß mit der INPUT-Anweisung. Mit dem Befehl INPUT # 58; A, B wird das erste Element des laufenden Records der Datei mit der Nummer 58 auf den Speicherplatz A, das zweite Element desselben Records auf den Speicherplatz B geschrieben. Mit jeder neuen INPUT-Anweisung wird der jeweils nächste Record der Datei eingelesen. Ein kleines Programm soll zeigen, wie die Datei nach Abb. 10/4 sequentiell abgearbeitet werden kann; die Datei soll die Nummer 8 tragen:

```
 10   OPEN "S";8
 ...
100   FOR I = 1 TO 45
110   INPUT # 8; PN, GD, ..., BV
 ...  Verarbeitung der Dateien
200   NEXT I
 ...
900   CLOSE 8
910   END
```
Programm 10/1

Das Programm 10/1 liest die ersten 45 Sätze der Datei 8 ein. Die Anzahl der einzulesenden Sätze kann durch Angabe einer Variablen anstelle der Konstanten 45 flexibel gehalten werden.

10.4 Dateien mit wahlfreiem Zugriff

Bei der sequentiellen Zugriffsmethode kann auf die einzelnen Sätze einer Datei nur in der Reihenfolge zugegriffen werden, in der sie abgespeichert worden sind. Erfordert die Verarbeitung jedoch, daß nach dem Einlesen des Satzes mit der Nummer 81 beispielsweise die Daten des Satzes mit der Nummer 105 benötigt werden, so müssen die Sätze 82 bis 104 erst „überlesen" werden, bevor auf den gewünschten Satz 105 zugegriffen werden kann (s. Aufgabe 10/3). Noch schwieriger würde sich die Programmierung gestalten, wenn nach einem Satz mit einer höheren Nummer ein Satz mit einer niederen Nummer gelesen werden müßte. Hier wäre es nämlich erforderlich, das Magnetband vollständig zurückzuspulen. Diese Schwierigkeiten können durch die wahlfreie Zugriffsmethode umgangen werden. Diese Methode erlaubt es, direkt und wahlfrei auf einen Satz einer Datei zuzugreifen. Als Speichergerät kann deshalb für diese Dateien das Magnetband nicht mehr benutzt werden. Speichergeräte für einen wahlfreien Zugriff sind

Disketten- und Plattenspeicher. Beide arbeiten nach dem gleichen Prinzip, das in Abb. 10/7 dargestellt ist. Eine magnetisierbare Scheibe, auf der die Information gespeichert ist, wird in schnelle Umdrehungen versetzt. Dadurch wird erreicht, daß die gewünschte Information praktisch sofort eingelesen werden kann. Anschaulich wäre dieses Prinzip mit einem schnell laufenden Endlosmagnetband zu vergleichen. Ein Zurückspulen des Bands wäre nicht mehr nötig, wenn ein Satz mit niederer Nummer nach einem Satz mit höherer Nummer gelesen werden müßte. Hier müßte man nur warten, bis der zu lesende Satz die Leseeinrichtung passiert. Bei den schnell laufenden Platten liegt diese Zeit in der Größenordnung 0.01 bis 1 Sekunde.

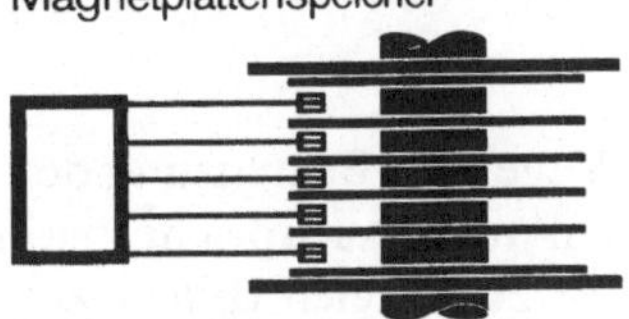

Abb. 10/7. Magnetplattenspeicher (aus: Grundlagen der Daten-Verarbeitung, IBM Deutschland GmbH, 1975)

Die Ein- und Ausgabeanweisung für Dateien mit Direktzugriff muß um die Angabe der Satznummer erweitert werden. So bedeutet die Anweisung INPUT # 8 , 12 ; A , B, daß die Elemente des Satzes mit der Nummer 12 der Datei mit der Nummer 8 auf die Speicherplätze A und B eingelesen werden sollen. Als Angabe für den Record ist eine Festkommakonstante, eine Variable oder ein arithmetischer Ausdruck erlaubt. Das Programm 10/1 würde nach der wahlfreien Zugriffsmethode folgendermaßen geschrieben werden:

```
 10   OPEN "D", 8
...
100   FOR I = 1 TO 45
110   INPUT # 8 , I ; PN , GD , ... , BV
...   Verarbeitung der Daten
200   NEXT I
...
900   CLOSE 8
910   END
```

Programm 10/2

Zur Kennzeichnung der Zugriffsart soll in Anweisung 10 des Programms 10/2 das Zeichen D für wahlfreien (direkten) Zugriff dienen. Die Anweisung 110 enthält neben der Angabe der Dateinummer auch noch die Angabe der Satznummer.

Sollen die Sätze einer Datei vornehmlich sequentiell abgearbeitet werden, so ist die sequentielle der wahlfreien Zugriffsmethode vorzuziehen, da sie erheblich weniger Ausführungzeit benötigt. Die Programme 10/1 und 10/2 liefern das gleiche Ergebnis, das Programm 10/1 braucht aber weniger Rechenzeit. Die wahlfreie Zugriffsmethode sollte deshalb immer nur dann angewendet werden, wenn die Sätze einer Datei in beliebiger Reihenfolge verarbeitet werden müssen.

10.5 Zusammenfassung

Wegen der Begrenzung der Arbeitsspeicherkapazität müssen größere Datenmengen auf Externspeichern abgelegt werden. Dabei können zusammengehörige Daten zu Dateien (Files) zusammengefaßt werden. Dateien untergliedern sich in Sätze (Records), die die einzelnen Datenelemente enthalten. Bei der sequentiellen Zugriffsmethode können die einzelnen Sätze einer Datei nur der Reihe nach abgearbeitet werden. Die wahlfreie Zugriffsmethode dagegen erlaubt einen direkten Zugriff auf jeden Satz einer Datei in beliebiger Reihenfolge.

10.6 Übungsaufgaben

10/1 Was ist hier falsch?

```
      a)   10    OPEN"S", 10
           20    FOR I = 1 TO 10   STEP − 1
           30    INPUT # 10 , I; A , B , C
           ...
          100    NEXT I
```

```
      b)   10    S = 0
           20    FOR X = 1 TO 10   STEP − 1
           30    INPUT # 10 ; A , B , C
           40    S = S + A * (B + C)
           50    NEXT X
           60    PRINT S
           70    END
```

10/2 Es soll das Durchschnittsalter sämtlicher Mitarbeiter einer Firma berechnet werden. Welche Organisationsform der Daten ist vorteilhaft und warum?

a) Organisationsform nach Abb. 10/3

b) Organisationsform nach Abb. 10/4

10/3 Wie müssen die Programme 10/1 und 10/2 geschrieben werden, wenn die Sätze 10 bis 20 der Datei 8 verarbeitet werden sollen?

Anhang 1. BASIC-Anweisungen

Anweisung	Bedeutung	Beispiel	Lektion
	Wertzuweisung	A = B + C A$ = "TEXT"	2, 8
INPUT	Eingabeanweisung	INPUT"WERT EINGEBEN";N INPUT A , B , C	3
PRINT	Ausgabeanweisung	PRINT"ERGEBNIS", E PRINT A , B , C PRINT A ; B , C PRINT A ; TAB (10) B	3
GOTO	unbedingter Sprung	GOTO 20	5
IF ... THEN	bedingter Sprung	IF A = B THEN 20 IF A > B THEN C = B + D	5
ON ... GOTO	berechneter Sprung	ON S + X GOTO 40 , 20 , 100	5
FOR ... NEXT	Schleifenanweisung	FOR X = 1 TO N STEP Y1 ... NEXT X	6
DIM	Feldvereinbarung	DIM X (50) , A$ (100)	7
DEF FN	Definition eines Funktionsunter- programms	DEF FNX (A , B) = A + B	8
GOSUB	unbedingter Sprung in ein internes Unterprogramm	GOSUB 400	8

Anweisung	Bedeutung	Beispiel	Lektion
ON ... GOSUB	berechneter Sprung in ein internes Unterprogramm	ON A + B GOSUB 100 , 200 , 500	8
RETURN	logisches Ende eines internen Unterprogramms	RETURN	8
STOP END	physikalisches/ logisches Ende eines Haupt- programms	STOP END	2

Anhang 2. BASIC-Operatoren

BASIC-Symbol	Bedeutung	Priorität	Typ
** oder ↑ oder ∧	Potenzierung	1	A
–	negatives Vorzeichen	2	A
*	Multiplikation	3	A
/	Division	3	A
+	Addition	4	A
–	Subtraktion	4	A
=	gleich	5	V
< > oder #	ungleich	5	V
<	kleiner als	5	V
>	größer als	5	V
< =	kleiner gleich	5	V
> =	größer gleich	5	V
NOT	Negation	6	L
AND	Konjunktion	7	L
OR	Disjunktion	8	L

Für den Typ werden die Abkürzungen A für arithmetische-, V für Vergleichs-
und L für logische Operatoren verwendet.

Anhang 3. BASIC-Standardfunktionen

Funktion	Bedeutung	Beispiel	Typ
ABS(n)	Absolutbetrag	ABS(A + B)	N
ATN(n)	Arkustangens	ATN(B)	N
COS(n)	Kosinus	COS(WI + 0.4)	N
SIN(n)	Sinus	SIN(B * W)	N
TAN(n)	Tangens	TAN(1.84)	N
EXP(n)	Exponent (e^x)	EXP(B)	N
LOG(n)	natürl. Logarithmus	LOG(A * (B + C))	N
SQR(n)	Quadratwurzel	SQR(Y)	N
SGN(n)	Signum (Vorzeichen)	SGN(A)	N
INT(n)	ganzzahliger Anteil	INT(1058.7)	N
RND(n)	Zufallszahl	RND(1)	N
LEN(a)	Länge einer Zeichen-kette	LEN(A$)	A
LEFT $(a, n)	Teilkette einer Zeichen-kette	LEFT$(B$, 4)	A
RIGHT$(a, n)	Teilkette einer Zeichen-kette	RIGHT$("WORT", 2)	A
MID$(a, n, n)	Teilkette einer Zeichen-kette	MID$(X$, I, 2)	A

Für den Typ werden die Abkürzungen N für numerische- und A für alphanumerische Standardfunktionen verwendet. n symbolisiert einen numerischen, a einen alphanumerischen Wert.

Anhang 4. Kleines Wörterbuch für EDV-Fachausdrücke

Adresse
Name von Speicherstellen

ALU (arithmetic logical unit)
Einheit, in der die arithmetischen und logischen Operationen ablaufen

Ausgabeeinheit
Datenausgabegeräte, z.B. Drucker, Bildschirm u.s.w.

BAUD
Maßeinheit für die Geschwindigkeit der Datenübertragung

Betriebssystem
Gesamtheit der Organisations- und Steuerprogramme, ohne die eine EDV-Anlage nicht einsatzfähig ist

BIT
kleinste Darstellungseinheit im Binärcode

Byte
1 Byte = 8 Datenbits; es ermöglicht die Codierung von 256 Zeichen

Bus
Leitung für den Datenaustausch innerhalb einer Rechenanlage

Chip
Halbleiterbaustein

CPU (central processor unit)
zu deutsch: Zentraleinheit (siehe dort)

Datenträger
z.B. Disketten, Lochstreifen, Magnetbänder u.a., auf die Daten aufgezeichnet werden

Datenverarbeitungssystem
Gerät, das selbständig nach einem Programm Daten verarbeiten kann; es besteht aus Ein- und Ausgabegeräten, Verarbeitungs- und Speichereinheiten

Diskette
kleine Magnetplatte; Datenträger

Display
Datensichtgerät, Bildschirm

Duplexbetrieb
Daten werden auf *einer* Datenübertragungsleitung in beiden Richtungen übetragen

EDVA
Abkürzung für Elektronische Datenverarbeitungsanlage

Eingabeeinheit
Teil der Datenverarbeitungsanlage, über die dem System Informationen übermittelt werden

EPROM (Erasable Programmable ROM)
Lösch- und programmierbarer Festwertspeicher (s. auch ROM und PROM)

file
nach bestimmten Kriterien zusammengestellte Daten, die in einem Speichermedium abgelegt wurden

Hardware
Gesamtheit aller technischen Einrichtungen und aller fest verschalteten Funktionen einer EDV-Anlage

Hauptspeicher
derjenige Teil des Arbeitsspeichers, der die zu verarbeitenden Programme aufnimmt

Hobbycomputer
preiswerter Kleincomputer mit einer minimalen Ausstattung an peripheren Geräten. Anwendungsmöglichkeiten für Hobby – Spiele, primitive Steuerungen, usw.

Instruktion
Anweisung an den Rechner; Programm = Folge von Instruktionen

Interface
Schnittstellen, Verbindungsstellen

Interpreter
Systemprogramm, das in höheren Programmiersprachen geschriebene Programme direkt ohne Übersetzung ausführt. Vorteile: Der Interpreter ist im Vergleich zum Übersetzer leichter zu erstellen und bietet mehr Komfort beim Testen von Programmen. Nachteile: langsamere Programmausführungszeit

Kode
Vorschrift für die eindeutige Ver- und Entschlüsselung

Kompatibilität
Können Geräte, Daten, Datenträger und Programme ohne spezielle Anpassungen miteinander arbeiten, so nennt man sie kompatibel (verträglich)

Konfiguration
Gesamtheit der EDV-Anlage mit allen Peripheriegeräten

MDT (mittlere Datentechnik)
Rechenanlagen, die hauptsächlich in mittelständischen Betrieben zum Einsatz kommen

Mikroprozessor
auf einem Chip untergebrachte Zentraleinheit

Monitor
Teil eines Organisationsprogrammes, der den Ablauf aufeinanderfolgender Programme selbständig steuert und weitere Bedienung überflüssig macht

MIPS (Millionen Instruktionen pro Sekunde)
Maßeinheit für die Arbeitsgeschwindigkeit der Zentraleinheit

Off-line
Die anfallenden Daten werden nicht direkt nach ihrer Entstehung verarbeitet, sondern zu einem anderen Zeitpunkt (Gegensatz: On-line)

On-line
– direkt mit dem Rechner verbunden – Die anfallenden Daten werden direkt nach ihrer Entstehung verarbeitet. (Gegensatz: Off-line)

Operation
Instruktionsabarbeitung durch den Rechner

Periphere Einheiten
an die Zentraleinheit angeschlossene Ein- und Ausgabe- sowie Speichergeräte

Periphere Speicher
Speicher außerhalb der Zentraleinheit, die meist große Kapazität aufweisen

Portabilität
ohne Anpassung auf unterschiedlichen EDV-Anlagen lauffähige Programme

Programm
Gesamtheit der Instruktionen und Arbeitsanweisungen für den Computer

Programmfehler
Man unterscheidet zwischen formalen und logischen Programmfehlern, letztere
führen zu falschen Ergebnissen, während erstere gegen die „Spielregeln" der
Programmiersprache verstoßen

Programmiersprachen
Hierarchisch geordnet gibt es folgende Programmiersprachen: Maschinensprachen, maschinenorientierte Sprachen, problemorientierte und parametrische
Sprachen. Mit ihrer Hilfe werden Problemlösungen dem Rechner verständlich
mitgeteilt

PROM (Programmable Read Only Memory)
Programmierbarer Festwertspeicher

Prozessor
im Prozessor sind Steuer- und Rechenwerk vereinigt

RAM (random access memory)
Direktzugriffsspeicher, Speicher mit wahlfreiem Zugriff (Schreib-/Lesespeicher)

Rechenwerk
Teil der Zentraleinheit, in dem alle arithmetischen und logischen Operationen
während der Programmabarbeitung ablaufen

Register
sehr schnell arbeitende Speicher innerhalb der Zentraleinheit

ROM (read only memory)
Festspeicher, auf die nur lesend zugegriffen werden kann und deren Inhalt nicht
verändert werden kann (Lesespeicher)

Schnittstelle
Verbindungsstelle zwischen den Einheiten einer EDV-Anlage

Simplexbetrieb
Daten werden auf der Datenübertragungsleitung nur in *einer* Richtung übertragen

Software
Man unterscheidet zwischen System- und Anwendersoftware, die die Gesamtheit
aller Programme darstellen

Speicher
Man unterteilt in Hauptspeicher und periphere (externe) Speicher. Auf ihnen
kann Information gespeichert und wieder abgegeben werden. Gekennzeichnet ist
ein Speicher durch seine Kapazität, Zugriffszeit und Kosten pro gespeicherter
Informationseinheit

Statement
Anweisung, Instruktion

Steuerwerk
Neben Hauptspeicher und Rechenwerk Teil der Zentraleinheit. Hier werden die
Anweisungen eines Programms interpretiert und ihre Ausführung gesteuert

Terminal
Datenendstation; bei der Datenübertragung und Datenfernverarbeitung steht
der zentralen Datenverarbeitungsanlage eine Anzahl von Terminals gegenüber,
von denen die Übermittlung von Daten und Anweisungen ausgeht und bei denen
die Ergebnisse sichtbar gemacht werden

Übersetzer
Textverarbeitungsprogramm, das ein Programm auf die nächst niedere Program-
miersprachenebene der Hierarchie übersetzt

Verschlüsselung
Darstellung in Form von Bitkombinationen, der alle Zeichen maschinenintern
unterzogen werden

Zahlensysteme
Dualsystem mit Basis 2; Dezimalsystem mit Basis 10; Oktalsystem mit Basis 8;
Hexadezimalsystem mit Basis 16

Zeichen
alphabetische, numerische und Sonderzeichen; mit ihnen werden alle Daten
dargestellt

Zentraleinheit
Die Zentraleinheit vereinigt in sich Hauptspeicher, Steuer- und Rechenwerk

Anhang 5. Lösungen der Übungsaufgaben

1/1 Was ist hier falsch?

    a) 184_8 8 ist keine gültige Oktalziffer
    b) 102_2 2 ist keine gültige Dualziffer

1/2 1 – Komposition (Reihung)
    2 – Alternation (Auswahl)
    3 – Iteration (Wiederholung)

1/3 Generator, Compiler und Assembler sind Systemprogramme zur Sprachumwandlung (s. Abb. 1/13).

1/4 Unter Hardware versteht man die Geräteausstattung; unter Software die Programmausstattung eines Rechners.

1/5 Dualsystem $2^4 - 1 = \quad 15_{10}$
    Oktalsystem $8^4 - 1 = \quad 4095_{10}$
    Dezimalsystem $10^4 - 1 = \quad 9999_{10}$
    Hexadezimalsystem $16^4 - 1 = 65535_{10}$

1/6 1 – BIOS   erlaubt Operationen zum Datenfluß (Input/Output)
    2 – BDOS verwaltet die Floppy-Disk-Speicher
    3 – CCP   Decodierung der Kommandos des Betriebssystems
    4 – TPA   Teil des Hauptspeichers der für transiente Programme reserviert wird

1/7

Dual	Oktal	Dezimal	Hexadezimal
1001	11	9	9
110111	67	55	37
101010111010	5274	2748	ABC
101	5	5	5
1000	10	8	8

1/8 $899_{10} = 1208_9$

$$1208_9 = 1 \cdot 9^3 + 2 \cdot 9^2 + 0 \cdot 9^1 + 8 \cdot 9^0$$
$$= 1 \cdot 729 + 2 \cdot 81 + 0 \cdot 9 + 8 \cdot 1 = 899_{10}$$

1/9

Zeichen	1	B	?	:
ASCII-Code	00110000	01000010	00111111	00111010
Dualzahl	110000	1000010	111111	111010
Oktalzahl	60	102	77	72
Dezimalzahl	48	66	63	58
Hexadezimalzahl	30	42	3F	3A

2/1 a) Der Variablenname muß mit einem alphabetischen Zeichen beginnen. 4A ist deshalb kein gültiger Variablenname.

b) Die Anzahl der öffnenden Klammern muß gleich der Anzahl der schließenden Klammern sein.

c) Ein Variablenname darf aus höchstens zwei Zeichen bestehen, "AB1" erfüllt diese Bedingung nicht.

d) Sonderzeichen sind in Variablennamen nicht erlaubt. "− X" enthält ein Sonderzeichen.
Andere Fehlerdeutung: zwei arithmetische Operatoren dürfen nicht unmittelbar aufeinander folgen.

2/2 a) $6 + A * B * C / D$
b) $(A + B) / X$
c) $X ** (X - Z)$
d) $A / B / C / D = A / (B * C * D)$
e) $(A + B + C) / (A + B / (X + Y))$
f) $A ** B ** C$

2/3 E3 wird als Variablenname vom Compiler oder Interpreter gedeutet.

2/4 a) $A * B * C$
b) $A * B + D * (X + Y)$
c) $A / B / C$
d) $A * B / C$
e) $A ** X * Y$
f) $A ** (X * Y)$
g) $A / (B / C) [= A * C / B]$
h) $A / B * C$
i) $A / (B * C) [= A / B / C]$
j) $A + B * X ** Z$

2/5 a)

A	3	
B	~~15~~	
C	~~0.05~~	3.0
D	15.1875	

b)

A	~~8~~	10
B	~~10~~	10

```
2/6 10  A = 8          Schreibtischtest:
    20  B = 10
    30  H1 = A         A  |  8   10
    40  A = B          B  | 10   8
    50  B = H1         H1 |  8
    60  END
```

3/1 a) A1X ist kein gültiger Variablenname.
b) C + D ist kein gültiger Variablenname. (Ein arithmetischer Ausdruck in der Eingabeliste ist nicht erlaubt.)
c) Der Text ist von der Variablenliste durch ein Semikolon zu trennen.
d) Die TAB-Funktion dient der Ausgabesteuerung; in der INPUT-Anweisung nicht erlaubt!
e) Die Variablen sind durch Kommata voneinander zu trennen.
f) Das Anführungszeichen nach "ERGEBNIS" fehlt.
g) Die Anzahl der öffnenden Klammern muß gleich der Anzahl der schließenden Klammern sein.
h) Das Argument X der TAB-Funktion muß in Klammern gesetzt werden. TABX ist kein gültiger Variablenname.

3/2 Schreibstellen:

```
0123456789012345678901234567890123456789
4                 1.2                4500
WERT 4 + 1.2 ERGIBT 5.2
     1.4   4 500
```

3/3
```
10 REM LOESUNG 3/3
15 REM WIDERSTANDSBERECHNUNG
20 REM EINGABE
30 INPUT "LAENGE UND FLAECHE EINGEBEN "; L,F
40 RS = 0.0017
50 REM BERECHNUNG DES WIDERSTANDES
60 R = RA * L / F
70 REM AUSGABE DES ERGEBNISSES
80 PRINT "WIDERSTAND = "; R
90 END
```

```
LAENGE UND FLAECHE EINGEBEN 189,5.78
WIDERSTAND = .0555882353
```

3/4
```
A)              123
B)              .46
C)              4.6E-05
D)              1.23456789E+10
E)              12.4
F)              5.48
G)              123.18
```

```
4/1 1   REM   LOESUNG 4/1
    10   INPUT "WINKEL IN GRAD EINGEBE
         N ";WG
    20   REM   UMRECHNUNG IN BOGENMASS
    30 WB = WG * 3.14 / 180
    40   REM   BERECHNUNG DES COSINUS
    50 C =   COS (WB)
    60   REM   AUSGABE
    65   PRINT
    70   PRINT "DER COSINUS VON ";WG;"
         IST ";C
    80   END

WINKEL IN GRAD EINGEBEN 45

DER COSINUS VON 45 IST .707388269


4/2 1   REM   LOESUNG 4/2
    10   INPUT A
    20   PRINT "DEKADISCHER LOGARITHMU
         S VON "A" IST "; LOG (A) /  LOG
         (10)
    30   END

    ?46
DEKADISCHER LOGARITHMUS VON 46 IST 1.66275783


4/3 1   REM   LOESUNG 4/3
    10   INPUT Z
    20   REM   VERSION 1
    30   PRINT "ERGEBNIS DER VERSION 1
         = ";
    31   PRINT  ABS (Z)
    40   PRINT "ERGEBNIS DER VERSION 2
         = ";
    45   PRINT  SQR (Z * Z)
    50   PRINT "ERGEBNIS DER VERSION 3
         = ";
    52   PRINT  SGN (Z) * Z
    60   END

    ?-567
ERGEBNIS DER VERSION 1 = 567
ERGEBNIS DER VERSION 2 = 567
ERGEBNIS DER VERSION 3 = 567
```

```
4/4 INT(6*RND(1)+1)
```

```
4/5 INT((B-A+1)*RND(1)+A)
```

```
4/6 10   REM   LOESUNG 4/6
    20   INPUT "ZAHL EINGEBEN ";ZA
    30 ZA =   ABS (ZA)
    40 QU = ZA -   INT (ZA / 10) * 10
    50 ZA =   INT (ZA / 10)
    60 QU = QU + ZA -   INT (ZA / 10) *
           10
    70 QU = QU +   INT (ZA / 10)
    80   PRINT "QUERSUMME = ";QU
    90   END

    ZAHL EINGEBEN -361
    QUERSUMME = 10
```

```
4/7 10   REM LOESUNG 4/7
    20   INPUT "DIVIDEND "; DV
    30   INPUT "DIVISOR "; DS
    40   PRINT "REST "; DV - INT ( DV / DS ) * DS
    50   END

    DIVISOR 12
    DIVIDEND 78
    REST 6
```

Welches Ergebnis liefert das Programm, falls der Divisor oder der Dividend negativ ist?

```
4/8 10   REM   LOESUNG 4/8
    20   INPUT Z
    30 ZG =   INT ((Z + 0.005) * 100) /
           100
    40   PRINT "GERUNDETE ZAHL = ";ZG
    50   END

    ?45.176
    GERUNDETE ZAHL = 45.18
```

Welches Ergebnis liefert das Programm, wenn eine negative Zahl eingegeben wird?

4/9 Die Bestimmung der Stelligkeit erfolgt durch den Logarithmus der Zahl. Welchen Wert liefert das Programm, falls eine Null eingegeben wird? In Lektion 5 werden BASIC-Befehle besprochen, mit denen die Stelligkeit durch sukzessive Division der Zahl durch 10 und Abfrage des Ergebnisses auf Null programmiert werden kann. Versuchen Sie, nach Durcharbeiten der Lektion 5 diese Aufgabe so zu lösen!

```
10   REM   LOESUNG 4/9
20   REM   BESTIMMUNG DER STELLIGKE
     IT UEBER DEN DEKADISCHEN LOG
     ARITHMUS
30   INPUT Z
40 LD =   LOG ( ABS (Z)) /  LOG (1
     0)
50 ST =   INT (LD) + 1
60   PRINT "DIE ZAHL ";Z;" IST ";S
     T;" STELLIG"
70   END
?4591
DIE ZAHL 4591 IST 4 STELLIG
```

5/1 a) Folgt hinter THEN die Angabe eines Sprungzieles, so ist keine weitere Angabe erlaubt.

b) Logische Operatoren verknüpfen logische Aussagen. Die Aussage 4 ist keine logische Aussage.

c) THEN fehlt.

d) Die Syntax der berechneten Sprunganweisung ist ON ... GOTO

e) Als Sprungziele dürfen nur Anweisungsnummern angegeben werden.

f) Die Anzahl der öffnenden Klammern muß gleich der Anzahl der schließenden Klammern sein.

g) SGN (B) ist kein logischer Ausdruck

h) Werden mehrere Anweisungen hintereinander in eine Zeile geschrieben, so müssen sie durch einen Doppelpunkt voneinander getrennt werden.

5/2 a)
```
10   REM   LOESUNG 5/2A
20 I = 0:SU = 0
30 I = I + 1
40 SU = SU + I ^ 2
50   IF I < 10 THEN 30
60   PRINT "SUMME = ";SU
70   END

SUMME = 385
```

b)
```
10   REM   LOESUNG 5/2B
20 SU = 0:I = 1
30 SU = SU + I + 2 * ( - 1) ^ I
40 I = I + 1
50   IF I <  = 10 THEN 30
60   PRINT "SUMME = ";SU
70   END

SUMME = 55
```

```
c)  10   REM   LOESUNG 5/2C
    20 SU = O:I = 1
    30 SU = SU + 3 * I
    40 I = I + 1
    50   IF I <  = 10 THEN 30
    60   PRINT "SUMME = ";SU
    70   END

    SUMME = 165


d)  10   REM   LOESUNG  5/2D
    20 SU = O:I = 1
    30 SU = SU + I * (I - 1)
    40 I = I + 1
    50   IF I <  = 10 THEN 30
    60   PRINT "SUMME = ";SU
    70   END

    SUMME = 330


e)  10   REM   LOESUNG 5/2E
    20 I1 = 1:I2 = O:SU = 1:LA = 2
    30 IN = I1 + I2
    40 SU = SU + IN
    50 LA = LA + 1
    60 I2 = I1
    70 I1 = IN
    80   IF LA < 10 THEN 30
    90   PRINT "SUMME = ";SU
    100   END

    SUMME = 88


5/3 10   REM   LOESUNG 5/3
    20 GU = O.O1:JA = O:ZI = 3
    30 GU = GU + GU * ZI / 100
    40 JA = JA + 1
    50   IF JA <  = 1982 THEN 30
    60   PRINT "GUTHABEN IM JAHR 1982
       = ";GU
    70   END

    GUTHABEN IM JAHR 1982 = 2.85901605E+23
```

```
5/4 10    REM   LOESUNG 5/4
    20    INPUT "ZAHL EINGEBEN ";ZA
    30    IF ZA < 0 THEN ZA = ( - 1) *
           ZA
    40    PRINT ZA
    50    END

    ZAHL EINGEBEN -456
    456




5/5 10    REM   LOESUNG 5/5
    20    INPUT ZA
    30 ZG =  SGN (ZA) *  INT (( ABS (
          ZA) + 0.005) * 100) / 100
    40    PRINT "GERUNDETE ZAHL = ";ZG
    50    END


    ?-99.342
    GERUNDETE ZAHL = -99.34




5/6 10    REM   LOESUNG 5/6
    20    INPUT ZA
    30 QU = 0
    40 Z =  ABS (ZA)
    50 QU = QU + Z -  INT (Z / 10) *
          10
    60 Z =  INT (Z / 10)
    70  IF Z > 0 THEN 50
    80  PRINT : PRINT "DIE QUERSUMME
         VON ";ZA;" IST ";QU
    90  END


    ?2543

    DIE QUERSUMME VON 2543 IST 14


5/7 10    REM   LOESUNG 5/7
    20    INPUT "ZAEHLER, NENNER EINGEB
          EN";Z,N
```

```
30  Z = Z - N
40   IF Z >  = N THEN 30
50   PRINT "REST DER GANZZAHLIGEN
         DIVISION = ";Z
60   END


ZAEHLER, NENNER EINGEBEN14,4
REST DER GANZZAHLIGEN DIVISION = 2
```

Prüfen Sie den Programmablauf, wenn der Zähler kleiner als der Nenner ist. (Z. B. Z = 4, N = 7 muß lt. Aufgabenstellung 0 Rest 4 ergeben.) Korrigieren Sie ggf. das Programm!

5/8   a) Das Programm 5/14 führt die Anweisung mit der Nummer 40 aus.

```
   b) 22   IF KZ <  = 4 AND KZ >  = 1 THEN
             30
      25   PRINT "FALSCHE KENNZIFFER"
      26   INPUT "KENNZIFFER EINGEBEN ";
             KZ
      27   GOTO 22
```

```
5/9  10   REM  LOESUNG 5/9        1      1
     20 I = 0                     2      2
     30 J = 0                     3      3
     40 J = J + 1                 4      1
     50 I = I + 1                 5      2
     60   PRINT I,J               6      3
     70   IF J < 3 THEN 40        7      1
     80   IF I < 18 THEN 30       8      2
     90   END                     9      3
                                 10      1
                                 11      2
                                 12      3
                                 13      1
                                 14      2
                                 15      3
                                 16      1
                                 17      2
                                 18      3
```

```
5/10  1  REM  LOESUNG 5/10
     10 I = 0
     20 SU = 0
     30 I = I + 1
```

```
40  SU = SU + I
50   IF I < 5 THEN 30
60   PRINT "SUMME = ";SU
70   END
SUMME = 15
```

5/11
```
100   IF A > B THEN 110
105   IF C > D THEN SU = 0.1
110   Z = D
...
200   IF A < 5.1 THEN ZA = 4.6
210   IF A > 8.5 THEN ZA = 4.6
220   RE = 4.4 + B
...
1000  END
```

5/12
```
10   REM   LOESUNG 5/12
20   INPUT T
30   IF T < 18 THEN   PRINT "HEIZEN
       "; END
40   IF T > 21 THEN   PRINT "KUEHLE
       N"; END
50   PRINT "TEMPERATUR OK"
60   END
?14
HEIZEN
```

5/13
```
100   IF A < 5.5 OR B > 7.1 THEN 130
120   X = 5.8
130   SU = 1.2
...
200   IF A = 5 AND B = 9 THEN PRINT "OK"
210   X = Z
...
300 ⎫
310 ⎪
320 ⎬  keine sinnvolle Vereinfachung möglich!
330 ⎪
340 ⎭
...
400   IF NOT (I = 3 OR I = − 5) THEN 450
440   K = 44 / L
450   GX = 38.1
...
1000  END
```

5/14 a) nein
      b) nein
      c) ja
      d) ja
      e) ja
      f) ja
      g) nein
      h) nein

5/15
```
10    REM   LOESUNG 5/15
20    INPUT "FIRMENZUGEHOERIGKEIT "
      ;FZ
22    INPUT "BRUTTOVERDIENST ";BV
30 PR = BV * .15
40    IF PR < 200 THEN PR = 200
50    IF FZ >  = 25 THEN PR = PR +
      150
60    IF FZ < 15 THEN PR = 100
65    PRINT
70    PRINT "AUSZUZAHLENDE PRAEMIE
      ";PR;" DM"
80    END

FIRMENZUGEHOERIGKEIT 15
BRUTTOVERDIENST 2500

AUSZUZAHLENDE PRAEMIE 375 DM
```

6/1   a) Komma syntaktisch falsch.
      b) Anzahl der öffnenden Klammern muß gleich der Anzahl der schließen-
         den Klammern sein.
      c) Die Angabe der Schrittweite erfolgt ohne Gleichheitszeichen (Syntax
         falsch)
      d) Die NEXT-Anweisung für die innere Schleife (NEXT K) muß vor der
         NEXT-Anweisung für die äußere Schleife (NEXT I) auftreten.

6/2   a)
```
10    REM   LOESUNG 6/2A (5/2A)
20 SU = 0
30    FOR I = 1 TO 10
40 SU = SU + I ^ 2
50    NEXT I
60    PRINT "SUMME = ";SU
70    END

SUMME = 385
```

```
10   REM   LOESUNG  6/2A(5/2B)
20 SU = 0
30  FOR I = 1 TO 10
40 SU = SU + I + 2 * ( - 1) ^ I
50  NEXT I
60  PRINT "SUMME = ";SU
70  END

SUMME = 55
```

```
10   REM   LOESUNG  6/2A(5/2C)
20 SU = 0
30  FOR I = 1 TO 10
40 SU = SU + 3 * I
50  NEXT I
60  PRINT "SUMME = ";SU
70  END

SUMME = 165
```

```
10   REM   LOESUNG  6/2A(5/2D)
20 SU = 0
30  FOR I = 1 TO 10
40 SU = SU + I * (I - 1)
50  NEXT I
60  PRINT "SUMME = ";SU
70  END

SUMME = 330
```

```
10   REM   LOESUNG  6/2A(5/2E)
20 SU = 1:I1 = 1:I2 = 0
30  FOR I = 3 TO 10
40 IN = I1 + I2
50 SU = SU + IN
60 I2 = I1
70 I1 = IN
80  NEXT I
90  PRINT "SUMME = ";SU
100  END

SUMME = 88
```

```
b) 10   REM   LOESUNG 6/2B(5/3)
   20 GU = 0.01:ZI = 3
   30  FOR J = O TO 1982
   40 GU = GU + GU * ZI / 100
   50  NEXT J
   60  PRINT "GUTHABEN 1982 ";GU;" D
       M"
   70  END

   GUTHABEN 1982 2.85901605E+23 DM


c) 10   REM   LOESUNG 6/2C(5/6)
   20  INPUT ZA
   30 QU = O:Z =  ABS (ZA)
   40 ST =   INT ( LOG (Z) /  LOG (10
       )) + 1
   50  FOR I = 1 TO ST
   60 QU = QU + Z -  INT (Z / 10) *
       10
   70 Z =  INT (Z / 10)
   80  NEXT I
   90  PRINT
   100  PRINT "DIE QUERSUMME VON ";Z
       A;" IST ";QU
   110  END

   ?2368

   DIE QUERSUMME VON 2368 IST 19


d) 10   REM   LOESUNG 6/2D(5/9)      1     1
   20 I = 0                          2     2
   30  FOR J = 1 TO 18               3     3
   40 I = I + 1                      4     1
   50  PRINT J,I                     5     2
   60  IF I = 3 THEN I = O           6     3
   70  NEXT J                        7     1
   80  END                          8     2
                                     9     3
                                    10     1
                                    11     2
                                    12     3
                                    13     1
                                    14     2
                                    15     3
                                    16     1
                                    17     2
                                    18     3
```

```
e) 10   REM   LOESUNG 6/2E(5/10)
   20 SU = 0
   30   FOR I = 1 TO 5
   40 SU = SU + I
   50   NEXT I
   60   PRINT "SUMME = ";SU
   70   END

   SUMME = 15
```

6/3
```
    10   REM   LOESUNG 6/3
    20 KO = 1000
    30   FOR P = 1 TO 7 STEP 3
    35   PRINT "ZINSSATZ ";P;" %": PRINT

    36   PRINT "LAUFZEIT"; TAB( 10);"K
         APITAL"
    40   FOR N = 1 TO 5
    50 K = KO * (1 + P / 100)  ^ N
    60   PRINT N; TAB( 10);K
    70   NEXT N
    80   PRINT : PRINT
    90   NEXT P
   100   END
```

```
ZINSSATZ 1 %

LAUFZEIT KAPITAL
1          1010
2          1020.1
3          1030.301
4          1040.60401
5          1051.01005


ZINSSATZ 4 %

LAUFZEIT KAPITAL
1          1040
2          1081.6
3          1124.864
4          1169.85856
5          1216.6529
```

```
ZINSSATZ  7 %

LAUFZEIT  KAPITAL
1         1070
2         1144.9
3         1225.043
4         1310.79601
5         1402.55173
```

```
6/4 10    REM   LOESUNG 6/4
    20    INPUT ZA
    30 FA = 1
    40    FOR I = 2 TO ZA
    50 FA = FA * I
    60    NEXT I
    65    PRINT
    70    PRINT ZA;"! = ";FA
    80    END

    ?6

    6! = 720
```

Welchen Wert hat 1! und welchen Wert liefert das Programm bei Eingabe
einer 1 für ZA?

```
6/5 10    REM   LOESUNG 6/5
    20    PRINT "X"; TAB( 10);"Y"
    30    FOR X = 0 TO 7 STEP 0.5
    40    IF X = 1 THEN   PRINT X; TAB(
          10);"DIVISION DURCH NULL"; GOTO
          70
    50 Y = ((X - 1) ^ 2 - 4) / (2 * X
          - 2)
    60    PRINT X; TAB( 10);Y
    70    NEXT X
    80    END
```

```
X          Y
0          1.5
.5         3.75
1          DIVISION DURCH NULL
1.5        -3.75
2          -1.5
2.5        -.583333333
3          0
3.5        .45
```

```
4               .83333334
4.5            1.17857143
5              1.5
5.5            1.80555556
6              2.1
6.5            2.38636364
7              2.66666667
```

```
6/6  10   REM   LOESUNG  6/6
     20   REM   VERSION  1
     30  S = 0
     40   FOR I = 1 TO 7
     50  F = 1
     60   FOR N = 1 TO I
     70  F = F * N
     80   NEXT N
     90  S = S + F
     100   NEXT I
     110   PRINT "SUMME = ";S
     120   END

     SUMME = 5913


     10   REM   LOESUNG  6/6
     20   REM   VERSION  2
     30  S = 0
     40  F = 1
     50   FOR N = 1 TU 7
     60  F = F * N
     70  S = S + F
     80   NEXT N
     90   PRINT "SUMME = ";S
     100   END

     SUMME = 5913
```

Welches der beiden Programme hat die kürzere Ausführungszeit?

```
6/7  1   REM   LOESUNG  6/7
     10   FOR I = 1 TO 3
     20   FOR J = 1 TO 4
     30   FOR K = 1 TO 2
     40   PRINT I,J,K
     60   NEXT K,J,I
     70   END
```

```
1    1    1
1    1    2
1    2    1
1    2    2
1    3    1
1    3    2
1    4    1
1    4    2
2    1    1
2    1    2
2    2    1
2    2    2
2    3    1
2    3    2
2    4    1
2    4    2
3    1    1
3    1    2
3    2    1
3    2    2
3    3    1
3    3    2
3    4    1
3    4    2
```

```
6/8  1   REM   LOESUNG 6/8
     10  FOR A = 1 TO 3
     20  JA = A + 2
     30  FOR J = JA TO 10
     40  PRINT A, J
     50  NEXT J
     60  NEXT A
     70  END
```

```
1     3
1     4
1     5
1     6
1     7
1     8
1     9
1    10
2     4
2     5
2     6
2     7
2     8
2     9
2    10
3     5
3     6
3     7
3     8
3     9
3    10
```

```
6/9   1    REM   LOESUNG 6/9              1      6       3
      10    FOR IX = 1 TO 3              1      6       4
      20   JA = IX + 2                   1      6       5
      30   JE = JA * (IX + 1)            1      6       6
      40    FOR J = JA TO JE STEP IX     2     12       4
      50    PRINT IX,JE,J                2     12       6
      60   NEXT J                        2     12       8
      70   NEXT IX                       2     12      10
      80   END                          2     12      12
                                         3     20       5
                                         3     20       8
                                         3     20      11
                                         3     20      14
                                         3     20      17
                                         3     20      20
```

6/10 IW = 2   IN = 123   IA = 3   IS = 10
IX = keinen definierten Wert
I1 = 1   IV = 123

```
6/11  10    REM   LOESUNG 6/11
      20    INPUT S1,S2,S3
      30    IF S1 ^ 2 + S2 ^ 2 = S3 ^ 2 THEN
             70
      40    IF S1 ^ 2 + S3 ^ 2 = S2 ^ 2 THEN
             70
      50    IF S2 ^ 2 + S3 ^ 2 = S1 ^ 2 THEN
             70
      60   END
      70   PRINT "DAS DREIECK IST RECHTW
             INKLIG"
      80   END

      ?3,4,5
      DAS DREIECK IST RECHTWINKLIG
```

6/12

	vor			nach		
a)	1	1	1	1	1	3
b)	1	1	98	1	1	100
c)	1	1	99	1	2	1
d)	1	98	100	1	99	2
e)	1	99	98	1	99	100
f)	1	99	99	1	100	1
g)	99	1	98	99	1	100
h)	98	99	99	98	100	1

	vor			nach		
i)	99	99	99	99	100	1
j)	99	100	99	100	1	1
k)	100	99	99	100	100	1
l)	100	100	98	100	100	100
m)	100	99	100	100	100	2
n)	99	98	100	99	99	2

```
6/13 10    REM   LOESUNG 6/13
     20    FOR I3 = 1 TO 100
     30    FOR I1 = 1 TO 100
     40    FOR I5 = 1 TO 100
     50    IF I3 + I1 + I5 <  > 100 THEN
             80
     60    IF I3 * 3 + I1 * 10 + I5 * 0.
             5 <  > 100 THEN 80
     70    PRINT I3; TAB( 5);"ZIGARREN Z
             U   3 PFENNIG"
     71    PRINT I1; TAB( 5);"ZIGARREN Z
             U  10 PFENNIG"
     72    PRINT I5; TAB( 5);"ZIGARREN Z
             U 1/2 PFENNIG"
     80    NEXT I5
     90    NEXT I1
     100   NEXT I3
     110   END

     1     ZIGARREN ZU   3 PFENNIG
     5     ZIGARREN ZU  10 PFENNIG
     94    ZIGARREN ZU 1/2 PFENNIG

6/14 10    REM   LOESUNG 6/14
     20    INPUT N
     30    PRINT "PRIMZAHLEN BIS ";N
     35    PRINT 1: PRINT 3
     40    IF N < 4 THEN 120
     50    FOR I = 3 TO N
     60    IF I / 2 =  INT (I / 2) THEN
             110
     70    FOR K = 3 TO  SQR (I) STEP 2
     80    IF I / K =  INT (I / K) THEN
             110
     90    NEXT K
     100   PRINT I
     110   NEXT I
     120   END
```

```
?20
PRIMZAHLEN BIS 20
1
3
5
7
11
13
17
19
```

6/15 Lösung 1

```
10   REM  LOESUNG 6/15
20   INPUT Z1,Z2
30 N = Z2
40   IF Z1 < Z2 THEN N = Z1
50   FOR I = 1 TO N
60   IF Z1 / I =  INT (Z1 / I) AND
       Z2 / I =  INT (Z2 / I) THEN
      GT = I
70   NEXT I
80   PRINT "GGT VON ";Z1;" UND ";Z
      2;" IST ";GT
90   END

?21,49
GGT VON 21 UND 49 IST 7
```

Lösung 2 (Euklid-Algorithmus)

```
10   REM  LOESUNG 6/15 (EUKLID-MET
      HODE)
20   INPUT Z1,Z2
30 MA = Z1:MI = Z2
40   IF Z1 < Z2 THEN MA = Z2:MI =
      Z1
50 RE = MA -   INT (MA / MI) * MI
60 MA = MI
70 MI = RE
80   IF RE < > 0 THEN 50
90   PRINT "GGT = ";MA
100   END

?21,49
GGT = 7
```

Führen Sie den Schreibtischtest durch und vollziehen Sie so den Algorithmus nach!

7/1 a) Der Index muß eine Festkommakonstante sein.
   b) In der Feldvereinbarung ist eine Variable als Indexangabe nicht erlaubt.
   c) Es sind nur Indizes größer gleich 1 erlaubt. Der Index wird hier unab-
      hängig vom Wert für I immer negativ!

```
7/2 1   REM   LOESUNG 7/2
   10   FOR I = 1 TO 2
   20   FOR J = I TO 7 STEP 3
   30   FOR K = J - 3 TO J STEP 2
   40   PRINT I,J,K
   50   NEXT K,J,I
   60   END

   1         1         -2
   1         1          0
   1         4          1
   1         4          3
   1         7          4
   1         7          6
   2         2         -1
   2         2          1
   2         5          2
   2         5          4
```

```
7/3 10   REM   LOESUNG 7/3
   20   FOR J = 1 TO 500
   30 QU = 0:A = J
   40 QU = QU + A -   INT (A / 10) *
         10
   50 A =   INT (A / 10)
   60  IF A > 0 THEN 40
   70  IF QU = 18 THEN   PRINT J
   80  NEXT J
   90  END

   99      477
  189      486
  198      495
  279
  288
  297
  369
  378
  387
  396
  459
  468
```

7/4 Auf den Speicherplatz IS wird lesend zugegriffen, obwohl er keinen definierten Wert enthält! (Schreibtischtest). Jede Variable, die rechts von dem Zuweisungssymbol auftaucht, muß vorher links von dem Zuweisungssymbol oder in einer INPUT-Anweisung gestanden haben. Auch wenn viele BASIC-Versionen automatisch sämtliche nicht definierten Variablen auf den Wert Null setzen, so ist doch davon abzuraten, wie in diesem Fall die Anweisung 5 '5 IS = 0' wegzulassen. Die Programme sind dann nämlich nicht mehr einfach von Rechner zu Rechner übertragbar (portabel).

7/5
```
10    REM   LOESUNG 7/5
20    DIM D(8,9)
30 D(1,1)  =  1:D(2,1)  =  1:D(2,2)  =
        2:D(2,3)  =  1
40    FOR I  =  3 TO 8
50 D(I,1)  =  1:D(I,I + 1)  =  1
60    FOR J  =  2 TO I
70 D(I,J)  =  D(I - 1,J - 1)  +  D(I -
        1,J)
80    NEXT J,I
90    PRINT D(1,1);
100   FOR I  =  2 TO 8
110   PRINT
120   FOR J  =  1 TO I + 1
130   PRINT D(I,J);"   ";
140   NEXT J,I
150   END

1
1   2   1
1   3   3   1
1   4   6   4   1
1   5   10   10   5   1
1   6   15   20   15   6   1
1   7   21   35   35   21   7   1
1   8   28   56   70   56   28   8   1
```

(Anmerkung für mathematisch interessierte Leser: Berechnen Sie das Pascalsche Dreieck durch Binomialkoeffizienten.)

7/6 a)
```
1    REM   LOESUNG 7/6A
10    DIM F(5,5)
20    REM   SETZEN DER WERTE
30    FOR I  =  1 TO 5
40    FOR J  =  1 TO 5
50 F(I,J)  =  0
60    IF I + J = 6 THEN F(I,J)  =  1
70    NEXT J,I
```

```
80   REM   AUSDRUCK DER WERTE
90   FOR I = 1 TO 5
100   PRINT
110   FOR J = 1 TO 5
120   PRINT F(I,J);"   ";
130   NEXT J,I
140   END

   0   0   0   0   1
   0   0   0   1   0
   0   0   1   0   0
   0   1   0   0   0
   1   0   0   0   0


b) 1   REM   LOESUNG 7/6B
  10   DIM F(5,5)
  20   REM   SETZEN DER WERTE
  30   FOR I = 1 TO 5
  40   FOR J = 1 TO 5
  50 F(I,J) = 0
  60   IF I = J THEN F(I,J) = 1
  70   NEXT J,I
  80   REM   AUSDRUCK DER WERTE
  90   FOR I = 1 TO 5
  100   PRINT
  110   FOR J = 1 TO 5
  120   PRINT F(I,J);"   ";
  130   NEXT J,I
  140   END

   1   0   0   0   0
   0   1   0   0   0
   0   0   1   0   0
   0   0   0   1   0
   0   0   0   0   1


7/7   10   REM   LOESUNG 7/7
  20   DIM ZA(50)
  30   INPUT "ANZAHL DER ZAHLEN ";N
  40 MSU = 0
  50   FOR I = 1 TO N
  60   INPUT ZA(I)
  70 SU = SU + ZA(I)
  80   NEXT I
  90 M = SU / N
  100   PRINT : PRINT "MITTELWERT =
        ";M
```

```
110   PRINT "ZAHL"; TAB( 10);"ABWE
      ICHUNG"
120   FOR I = 1 TO N
130 A = M - ZA(I)
140   PRINT ZA(I); TAB( 10);A
150   NEXT I
160   END


ANZAHL DER ZAHLEN 5
?1
?2
?3
?4
?5


MITTELWERT = 3
ZAHL         ABWEICHUNG
1            2
2            1
3            0
4            -1
5            -2
```

```
7/8 10   REM  LOESUNG 7/8
    20   INPUT "OKTALZAHL = ";O
    25 OK = O
    30 DE = 0
    40 N =  INT ( LOG (OK) /  LOG (10
         )) + 1
    50   FOR I = 1 TO N
    60 ZI = OK -  INT (OK / 10) * 10
    70   IF ZI > = 8 THEN  PRINT "KEI
         NE GUELTIGE OKTALZAHL": END

    80 DE = DE + ZI * 8 ^ (I - 1)
    90 OK =  INT (OK / 10)
    100   NEXT I
    110   PRINT O;" OKTAL IST GLEICH "
          ;DE;" DEZIMAL"
    120   END
```

Programmbeispiel 1: OKTALZAHL = 121
                    121 OKTAL IST GLEICH 81 DEZIMAL

Programmbeispiel 2: OKTALZAHL = 194
                    KEINE GUELTIGE OKTALZAHL

```
7/9   1   REM   LOESUNG 7/9
     10    DIM ZF(100)
     20    INPUT "ANZAHL DER ZAHLEN ";NZ

     30   FOR I = 1 TO NZ
     40    INPUT ZF(I)
     50    NEXT I
     55    REM   LOESUNG ANFANG
     60 N = 0
     70    FOR I = 1 TO NZ
     80    IF ZF(I) > = 0 THEN N = N +
             1:ZF(N) = ZF(I)
     90    NEXT I
     95    REM   LOESUNG ENDE
    300    FOR I = 1 TO N
    310    PRINT ZF(I);"   ";
    320    NEXT I
    330    END

    ANZAHL DER ZAHLEN 10
    ?99
    ?0
    ?-3
    ?3
    ?-118
    ?4
    ?8
    ?0
    ?5
    ?2
    99   0   3   4   8   0   5   2


7/10  1   REM   LOESUNG 7/10
     10    DIM DU(20)
     20    INPUT "DEZIMALZAHL ";Z
     25    REM   BESTIMMUNG DER DUALZAHL
     30 ND = 0
     40 ND = ND + 1
     50 DU(ND) = Z - INT (Z / 2) * 2
     60 Z = INT (Z / 2)
     70    IF Z > 0 THEN 40
     75    REM   UMSTUELPEN DER FELDELEME
             NTE
     80   FOR I = 1 TO ND / 2
     90 H = DU(I)
```

```
100 DU(I) = DU(ND + 1 - I)
110 DU(ND + 1 - I) = H
120  NEXT I
125  REM  AUSGABE DER DUALZAHL
126  PRINT "DUALZAHL = ";
130  FOR I = 1 TO ND
140  PRINT DU(I);" ";
150  NEXT I
160  END
```

Programmbeispiel 1:   DEZIMALZAHL 10
                      DUALZAHL = 1 0 1 0

Programmbeispiel 2:   DEZIMALZAHL 46
                      DUALZAHL = 1 0 1 1 1 0

7/11 Ein Programm terminiert auf jeden Fall, wenn es keine Steueranweisungen
enthält.

8/1 a) Funktionsname unzulässig.
        Der Funktionsname besteht aus einem Variablennamen, dem die Zeichen
        FN vorangestellt sind.
     b) Als formale Parameter sind nur einfache Variablen zulässig. Indizierte
        Variablen und arithmetische Ausdrücke sind unzulässig.
     c) Die Anzahl der öffnenden und der schließenden Klammern muß überein-
        stimmen.
     d) Die Anzahl der formalen und der aktuellen Parameter muß übereinstim-
        men.
     e) Das logische Ende des Hauptprogramms fehlt.
     f) Die Anweisung INPUT C, A1 wird niemals erreicht.

```
8/2  1  REM  LOESUNG 8/2
     10  DEF  FN L =  INT (49 *  RND (
         1) + 1)
     20  FOR I = 1 TO 6
     30 LZ =  FN L
     40  PRINT "LOTTOZAHL ";I;" = ";LZ

     50  NEXT I
     60  END
```

```
8/3  10  REM  LOESUNG 8/3
     15  DEF  FN Z(A,B,C) = A * (1 + B
         / 100) ^ C
     20 KO = 1000
     30  FOR P = 1 TO 7 STEP 3
     35  PRINT "ZINSSATZ ";P;" %": PRINT
```

```
36    PRINT "LAUFZEIT"; TAB( 10);"K
         APITAL"
40 . FOR N = 1 TO 5
50 K =   FN Z(KO,P,N)
60    PRINT N; TAB( 10);K
70    NEXT N
80    PRINT : PRINT
90    NEXT P
100    END
```

8/4 Z1 = 5   Z2 = 6   Z3 = 7   Z4 = 9
     Z5 = 9   Z6 = 21

```
8/5 10    REM   LOESUNG 8/5
    20    FOR J = 1 TO 500
    30    GOSUB 100
    40    IF QU = 18 THEN   PRINT J
    80    NEXT J
    90    END
    100 QU = 0:A = J
    110 QU = QU + A -   INT (A / 10) *
           10
    120 A =   INT (A / 10)
    130   IF A > 0 THEN 110
    140   RETURN
    99
    189
    198
    279
    288
    297
    369
    378
    387
    396
    459
    468
    477
    486
    495
```

```
8/6 1   REM   LOESUNG 8/6
    10 A = 5:B = 8:C = 4
    20 E = B / C
    30 I = A - B
    40   GOSUB 100
```

```
50    PRINT A,B,C
51    PRINT E,I
60    END
100   FOR K = 1 TO I
120 A = A + K
130   NEXT K
140   RETURN

ÜRUN
6                       8                       4
2                      -3
```

```
8/7 10    REM   LOESUNG 8/7
    20    REM   INTERNES UNTERPROGRAMM
    30    INPUT Z
    40    GOSUB 100
    50    PRINT "GERUNDETE ZAHL :";RZ
    60    END
    100 RZ =  SGN (Z) *  INT (( ABS (
          Z) + 0.005) * 100) / 100
    110   RETURN

    ?12.458
    GERUNDETE ZAHL :12.46

    10    REM   LOESUNG 8/7
    20    REM   FUNKTIONSUNTERPROGRAMM
    30    DEF  FN R(A) =  SGN (A) *  INT
          (( ABS (A) + 0.005) * 100) /
          100
    40    INPUT Z
    50    PRINT "GERUNDETE ZAHL = "; FN
          R(Z)
    60    END

    ?12.459
    GERUNDETE ZAHL = 12.46
```

```
8/8 1  REM LOESUNG 8/8
    10   INPUT X
    20 S1 = 1:I = 0
    30 I = I + 1
    40   GOSUB 100
    45 G = X ^ I / FA
    50   IF G / S1 * 100 < 0.2 THEN 70
```

```
55 S1 = S1 + G
60   GOTO 30
70   PRINT "EXP(";X;") = ";S1
80   END
100 FA = 1
105   IF I = 1 THEN  RETURN
110   FOR J = 2 TO I
120 FA = FA * J
130   NEXT J
140   RETURN

?2
EXP(2) = 7.38095238
```

Versuchen Sie eine Programmversion zu schreiben, die eine geringere Ausführungszeit benötigt, als die oben beschriebene Lösung! Dabei braucht
nicht unbedingt die Unterprogrammtechnik verwendet zu werden. (Siehe
dazu Lösungen zu Aufgabe 6/6.)

8/9 Wäre die Verwendung der Unterprogrammtechnik zur Lösung dieser Aufgabe sinnvoll gewesen?

```
10   REM  LOESUNG 8/9
20   DIM X(50),Y(50)
30   INPUT "ANZAHL DER WERTEPAARE
     ";N
40   PRINT "JE ZEILE EIN WERTEPAAR
     EINGEBEN"
50   FOR I = 1 TO N
60   INPUT X(I),Y(I)
70   NEXT I
80 S1 = 0:S2 = 0:S3 = 0:S4 = 0
90   FOR I = 1 TO N
100 S1 = S1 + Y(I)
110 S2 = S2 + X(I)
120 S3 = S3 + X(I) * X(I)
140 S4 = S4 + X(I) * Y(I)
150   NEXT I
160 B = (S1 * S3 - S4 * S2) / (N *
        S3 - S2 * S2)
170 A = (N * S4 - S2 * S1) / (N *
        S3 - S2 * S2)
180   PRINT "STEIGUNG = ";A;"  ACH
        SABSCHNITT = ";B: PRINT
200   PRINT "DIE GERADE HAT DEMNAC
        H DIE FORM : Y = ";A;"X";
```

```
210   IF B < 0 THEN   PRINT B
220   IF B > 0 THEN   PRINT "+";B
230   END
```

Programmbeispiel 1

```
ANZAHL DER WERTEPAARE 4
JE ZEILE EIN WERTEPAAR EINGEBEN
?1,3
?5,5
?9,7
?13,9
STEIGUNG = .5   ACHSABSCHNITT = 2.5


DIE GERADE HAT DEMNACH DIE FORM : Y = .5X+2.5
```

Programmbeispiel 2

```
ANZAHL DER WERTEPAARE 4
JE ZEILE EIN WERTEPAAR EINGEBEN
?3,1
?5,5
?7,9
?9,13
STEIGUNG = 2   ACHSABSCHNITT = -5


DIE GERADE HAT DEMNACH DIE FORM : Y = 2X-5
```

Erweitern Sie das Programm so, daß die Abweichungen für jeden X-Wert
von dem nach der Geradengleichung errechneten Wert ausgedruckt werden.
Der Ausdruck der Abweichungen ist wichtig, um abschätzen zu können,
inwieweit eine lineare Abhängigkeit der beiden Größen gegeben ist.

```
8/10 10   REM  LOESUNG 8/10
     20   DEF  FN XN(XA,A) = (XA + A /
            XA) / 2
     30   INPUT Z
     40   XA = Z
     50   XA =  FN XN(XA,Z)
     60   IF  ABS (XA -  FN XN(XA,Z)) >
            0.009 THEN 50
     70   PRINT "WURZEL AUS ";Z;" GLEIC
            H ";XA
     80   END
```

Erweitern Sie das Programm so, daß die Anzahl der benötigten Iterationen
ausgedruckt wird.

8/11 schnell   langsam

$$\longrightarrow$$

```
4    3    1    2
5
```

9/1 a) Der Variablenname enthält ein Sonderzeichen und ist deshalb ungültig.
  b) Typenmischung nicht erlaubt! Eine Textvariable kann nicht mit einer numerischen Variable verknüpft werden.
  c) Standardfunktionen kann kein Wert zugewiesen werden! (In einigen Programmiersprachen jedoch erlaubt (PL / 1) – Pseudovariable.)
  d) AB ist keine Textvariable.
  e) Textkonstanten müssen in Anführungszeichen gesetzt werden – rechtes Anführungszeichen fehlt.
  f) Das – Zeichen ist als Operator für alphanumerische Werte nicht erlaubt.

9/2 Nur dadurch ist eine Unterscheidung von Variablennamen eindeutig möglich.

9/3
```
1    REM   LOESUNG 9/3
10   A$ = "KETTE"
20    FOR I = 1 TO 5
30    PRINT   TAB( I * 5) LEFT$ (A$,
       I)
40    NEXT
50    END
        K
              KE
                    KET
                          KETT
                                KETTE
```

9/4 Version 1
```
1    REM   LOESUNG 9/4B
10    INPUT "TEXT EINGEBEN ";A$
11    INPUT "L, A UND E EINGEBEN";L
       ,A,E
12    PRINT
20    GOSUB 1000
30    PRINT "LEFT$(";A$;",";L;") =
       ";B$
40    GOSUB 2000
50    PRINT "MID$(";A$;",";A;",";E;
       ") = ";C$
60    END
1000   REM   UNTERPROGRAMM FUER LEF
       T$
```

```
1010   REM   VERSION 1
1020 B$ = ""
1030   FOR I = 1 TO L
1040 B$ = B$ +   MID$ (A$,I,1)
1050   NEXT I
1990   RETURN
2000   REM   UNTERPROGRAMM FUER MID
       $
2010 C$ =   LEFT$ ( RIGHT$ (A$, LEN
       (A$) - A + 1),E)
2990   RETURN

TEXT EINGEBEN MARIA
L, A UND E EINGEBEN2,3,2


LEFT$(MARIA,2) = MA
MID$(MARIA,3,2) = RI
```

Version 2

```
1   REM   LOESUNG 9/4B
10   INPUT "TEXT EINGEBEN ";A$
11   INPUT "L, A UND E EINGEBEN";L
       ,A,E
12   PRINT
20   GOSUB 1000
30   PRINT "LEFT$(";A$;",";L;") =
       ";B$
40   GOSUB 2000
50   PRINT "MID$(";A$;",";A;",";E;
       ") = ";C$
60   END
1000   REM   UNTERPROGRAMM FUER LEF
       T$
1010   REM   VERSION 2
1020 B$ =   MID$ (A$,1,L)
1990   RETURN
2000   REM   UNTERPROGRAMM FUER MID
       $
2010 C$ =   LEFT$ ( RIGHT$ (A$, LEN
       (A$) - A + 1),E)
2990   RETURN

TEXT EINGEBEN WASSERFALL
L, A UND E EINGEBEN6,5,2

LEFT$(WASSERFALL,6) = WASSER
MID$(WASSERFALL,5,2) = ER
```

```
9/5 10    DIM N$(100)
    20    INPUT "ANZAHL DER WOERTER ";N
          W
    30    FOR I = 1 TO NW
    40    INPUT N$(I)
    50    NEXT I
    60    FOR J = 1 TO NW - 1
    70    FOR I = J + 1 TO NW
    80    IF N$(J) > N$(I) THEN A$ = N$
          (J):N$(J) = N$(I):N$(I) = A$

    90    NEXT I,J
    300   PRINT : PRINT "ALPHABETISCH
          SORTIERTE WOERTER": PRINT "-
          -------------------------------
          -"
    310   FOR I = 1 TO NW
    320   PRINT N$(I)
    330   NEXT I
    340   END

ANZAHL DER WOERTER 4
?MARIA
?ILONA
?HEINRICH
?KLAUS

ALPHABETISCH SORTIERTE WOERTER
-------------------------------

HEINRICH
ILONA
KLAUS
MARIA


9/6 10    REM  LOESUNG 9/6
    30 NW = 0:S = 0
    40    INPUT T$
    50    IF  RIGHT$ (T$,6) = "*ENDE*" THEN
          S = 1:T$ =  LEFT$ (T$, LEN (
          T$) - 6)
    60    FOR I = 1 TO  LEN (T$)
    70    IF  MID$ (T$,I,1) = " " THEN
          NW = NW + 1
    80    NEXT I
    85 NW = NW + 1
    90    IF S = 0 THEN 40
```

```
100   PRINT : PRINT "DER TEXT ENTH
      AELT ";NW;" WOERTER"
110   END
```

```
?ENTSPRECHEND DEN NUMERISCHEN VARIABLEN
?UND KONSTANTEN GIBT ES AUCH
?ALPHANUMERISCHE VARIABLEN UND KONSTANTEN*ENDE*

DER TEXT ENTHAELT 13 WOERTER
```

```
9/7 10   REM  LOESUNG 9/7
    20   INPUT "TEXT EINGEBEN ";T$
    30   INPUT "ALTES WORT ";WA$
    40   INPUT "NEUES WORT ";WN$
    50 TN$ = ""
    51 LA =  LEN (WA$)
    52 LN =  LEN (WN$)
    60   FOR I = 1 TO  LEN (T$)
    70   IF  MID$ (T$,I,LA) <  > WA$ THEN
          100
    80 TN$ = TN$ + WN$
    85 I = I - 1 + LA
    90   GOTO 110
    100 TN$ = TN$ +  MID$ (T$,I,1)
    110   NEXT I
    120   PRINT : PRINT TN$
    130   END
```

Beispiel 1

```
TEXT EINGEBEN HIER STEHT DER BAUM UND DER STRAUCH
ALTES WORT DER
NEUES WORT EIN

HIER STEHT EIN BAUM UND EIN STRAUCH
```

Beispiel 2

```
TEXT EINGEBEN ABCDEFABVES
ALTES WORT A
NEUES WORT XX1XX

XX1XXBCDEFXX1XXBVES
```

```
9/8 a) 10   REM  LOESUNG 9/8 A
       20   INPUT A$
       30   INPUT N
       40   PRINT  LEFT$ (A$,N)
```

```
50   PRINT   MID$ (A$,1,N)
60   END

?BASIC
?3
BAS
BAS


b) 10   REM   LOESUNG 9/8 B
   20   INPUT A$
   30   INPUT N
   40   PRINT   RIGHT$ (A$,N)
   50   PRINT   MID$ (A$, LEN (A$) - N
           + 1,N)
   60   END

   ?BASIC
   ?3
   SIC
   SIC
```

```
9/9 10   REM   LOESUNG 9/9
    20   INPUT "TEXTZEILE ";T$
    30   INPUT "SILBE ";S$
    35 NS = 0
    40   FOR I = 1 TO LEN (T$) -   LEN
           (S$)
    50   IF  MID$ (T$,I, LEN (S$)) = S
           $ THEN NS = NS + 1
    60   NEXT I
    70   PRINT : PRINT "DIE SILBE ";S$
           ;" KOMMT ";NS;" MAL VOR"
    80   END

TEXTZEILE IN EINER ZEILE STEHEN VIELE ZEICHEN
SILBE EI

DIE SILBE EI KOMMT 3 MAL VOR
```

```
9/10 1   REM   LOESUNG 9/10
    10   DIM T$(30)
    20   INPUT "ANZAHL DER ZEILEN ";NZ
    30   FOR I = 1 TO NZ
    40   INPUT T$(I)
    50   NEXT I
    100  PRINT : PRINT "TEXT LINKSBUE
           NDIG": PRINT "-------------
           ---": PRINT
```

```
110   FOR I = 1 TO NZ
120   PRINT T$(I)
130   NEXT I
140   PRINT : PRINT
200   REM  GROESSTE TEXTLAENGE FES
      TSTELLEN
201 ML =  LEN (T$(1))
202   FOR I = 2 TO NZ
203   IF  LEN (T$(I)) > ML  THEN ML
       =  LEN (T$(I))
204   NEXT I
210   FOR I = 1 TO NZ
214   IF  LEN (T$(I)) = ML  THEN 24
      O
215 TX$ =  " "
216   FOR J = 1 TO ML -  LEN (T$(I
      ))
218 TX$ = TX$ +  " "
220   NEXT J
230 TX$ = TX$ + T$(I)
235 T$(I) = TX$
240   NEXT I
300   PRINT : PRINT "TEXT RECHTSBU
      ENDIG": PRINT "--------------
      ------": PRINT
305   FOR I = 1 TO NZ
310   PRINT T$(I)
320   NEXT I
330   END
```

```
ANZAHL DER ZEILEN 5
?ALLE MEINE ENTCHEN
?SCHWIMMEN AUF DEM SEE
?SCHWIMMEN AUF DEM SEE
?KOEPFCHEN IN DAS WASSER
?SCHWAENZCHEN IN DIE HOEH


TEXT LINKSBUENDIG
------------------------


ALLE MEINE ENTCHEN
SCHWIMMEN AUF DEM SEE
SCHWIMMEN AUF DEM SEE
KOEPFCHEN IN DAS WASSER
SCHWAENZCHEN IN DIE HOEH
```

```
TEXT RECHTSBUENDIG
------------------------------

        ALLE MEINE ENTCHEN
  SCHWIMMEN AUF DEM SEE
   SCHWIMMEN AUF DEM SEE
 KOEPFCHEN IN DAS WASSER
SCHWAENZCHEN IN DIE HOEH
```

9/11 ...

```
  60    NE = INT(NB/2)
  70    FOR I = 1 TO NE
  80    H$ = T$ (I)
  90    T$ (I) = T$ (NB − I + 1)
 100    T$ (NB − I + 1) = H$
 110    NEXT I

         ...
```

```
9/12 10    REM   LOESUNG L9/12
     20    FOR I = O TO 6.28 STEP O.2
     30 X =   SIN (I) * 20 + 25
     40    PRINT   TAB( X);"*"
     50    NEXT I
     60    END
```

```
                      *
                        *
                         *
                          *
                           *
                            *
                             *
                             *
                             *
                             *
                            *
                           *
                          *
                         *
                        *
                      *
                    *
                  *
                *
              *
             *
            *
            *
            *
            *
             *
              *
               *
                 *
                   *
                      *
```

10/1 a) Die Datei ist als sequentielle Datei eröffnet worden. Auf die Daten der
        Datei wird aber direkt zugegriffen (Angabe der Satznummer in der
        INPUT- Anweisung)
     b) Jede Datei muß eröffnet werden, bevor auf deren Daten zugegriffen
        wird. Die Datei muß nach Beendigung der Verarbeitung wieder ge-
        schlossen werden.

10/2 Die Organisationsform nach Abb. 10/3 ist vorteilhafter, da hier sämtliche
     gewünschten Daten in einem Satz der Datei vorliegen. Der Vorgang, einen
     Satz einer Datei zu lesen, ist relativ langsam, so daß bei einem Zugriff auf
     mehrere Sätze einer Datei die Ausführungszeit für das Programm erheblich
     größer ist, als wenn nur auf einen einzigen Satz zugegriffen werden muß. Bei
     der Organisationsform nach Abb. 10/4 müßten sämtliche Sätze der Datei
     gelesen werden, um das Durchschnittsalter zu ermitteln.

10/3 Programm 10/1 bei Zugriff auf die Sätze 10 bis 20

```
 10   OPEN "S", 8
 20   REM UEBERLESEN DER ERSTEN 9 SAETZE
 30   FOR I = 1 TO 9
 40   INPUT # 8; PN , GD , ... , BV
 50   NEXT I
 60   REM VERARBEITUNG SATZ 10 BIS 20
100   FOR I = 1 TO 11
110   INPUT 8; PN , GD , ... , BV
...
200   NEXT I
...
900   CLOSE 8
910   END
```

Programm 10/2 bei Zugriff auf die Sätze 10 bis 20. Das Überlesen entfällt
hier, da direkt auf die einzelnen Sätze zugegriffen werden kann.

```
 10   OPEN "D", 8
...
100   FOR I = 10 TO 20
110   INPUT # 8 , I; PN , GD , ... , BV
...
200   NEXT I
...
900   CLOSE 8
910   END
```

Literaturverzeichnis

1. Rehbein H: BASIC – leicht gemacht. VDI-Verlag Düsseldorf
2. Heathkit: Microsoft BASIC Dokumentation für HAETH – H-88/H-89/WH-89/Z-89
3. Schärf J, Kunesch A: BASIC für Kaufleute; R. Oldenbourg Verlag Wien München
4. Wittig S: BASIC – Brevier. Heinz Heise Verlag Hannover KG
5. Kwiatkowski J: FORTRAN – in 8 Lektionen (Anfänger). Frech Verlag Stuttgart
6. APPLE II Plus BASIC Programmierhandbuch
7. TRS – 80 Level II BASIC Reference Handbuch
8. Abeldt G: BASIC – Grundlagen und Beispiele Anwendungen in Mikro- und Minicomputern. Frech Verlag Stuttgart
9. Sacht HJ: Genie – BASIC leicht gemacht. Trommelschläger St. Augustin
10. Hewlett-Packard HP-85 Bedienungs- und Programmierhandbuch
11. „Wie erklären Sie jemand, der Sie fragt wie ein Computer funktioniert". IBM-Broschüre
12. Kwiatkowski J, Dierig NA: BASIC – Computerspiele I. Frech Verlag Stuttgart
13. Kwiatkowski J: – Textverarbeitung mit dem Commodore 64. Hanser-Verlag München
14. Kwiatkowski J: BASIC für Fortgeschrittene. Springer-Verlag Heidelberg

Sachverzeichnis

Informationstechnik und Datenverarbeitung

Bildschirmarbeit

Konfliktfelder und Lösungen
Herausgeber: **A. E. Çakir**
1983. 75 zum Teil farbige Abbildungen. XI, 256 Seiten
DM 68,–. ISBN 3-540-12626-0

Inhaltsübersicht: Technisierung der Informationsverarbeitung – Gefahr oder Chance? – Technik und Umwelt. – Erfahrungen der Anwender. – Erfahrungen der Sozialpartner. – Normen und Regelungen. – Belastung und Beanspruchung. – Autorenverzeichnis. – Namen- und Sachverzeichnis.

W. Duus, J. Gulbins

CAD-Systeme

Hardwareaufbau und Einsatz
1983. 41 Abbildungen. IX, 107 Seiten
DM 49,–. ISBN 3-540-11759-8

Inhaltsübersicht: Einleitung. – CAD-Systeme. – Der Rechner und seine Peripherie. – Dialogperipherie – CAD-Peripherie. – Standardisierung im CAD-Bereich. – Einsatzmöglichkeiten für CAD. – Beispiele typischer CAD-Systeme. – Umfrage bei Herstellern von CAD-Hardware und Software. – Literaturverzeichnis.

Mikroelektronik – Information – Gesellschaft

Herausgeber: **H. Niemann, D. Seitzer, H. W. Schüßler**
1983. 80 Abbildungen. XI, 213 Seiten
DM 49,–. ISBN 3-540-12359-8

Inhaltsübersicht: Technische Möglichkeiten und Grenzen der Großintegration. – Auswirkungen der Großintegration auf die Industrie. – Auswirkungen der Entwicklungen in der Mikroelektronik auf die Fertigungstechnik. – Neue Text- und Datenkommunikationsdienste der Deutschen Bundespost auf der Basis neuer Technologien. – Nutzen und Schaden der elektronischen Datenverarbeitung. – Technischer Fortschritt im Zwielicht – Zur Technologie- und Innovationspolitik der Gewerkschaften. – Probleme der Informationsgesellschaft. – Technologie, Politik und Innovation. – Wirtschaftsfaktor Mikroelektronik – Nationale und internationale Aspekte.

Springer-Verlag
Berlin
Heidelberg
NewYork
Tokyo

Informationstechnik und Datenverarbeitung

M. M. Botvinnik

Meine neuen Ideen zur Schachprogrammierung

Übersetzt aus dem Russischen von A. Zimmermann
1982. 42 Abbildungen. X, 177 Seiten
DM 48,-. ISBN 3-540-11094-1

Inhaltsübersicht: Grundlagen der Theorie. - Verfahren zur Beschränkung des Spielbaumes. - Die Suche nach einer Lösung. - Das Schachspiel als Beispiel für eine Problemlösung. - Drei Studien im Experiment. - Die zweiten Weltmeisterschaften im Computerschach. - Anhang 1: Die Spielzonen. - Anhang 2: Die Positionsbewertung. - Anhang 3: Die Endspielbibliothek des Programns „PIONIER". - Anhang 4: Assoziative Bibliothek der Positionsfragmente. - Anhang 5: Terminologisches Wörterverzeichnis. - Literatur. - Nachtrag.

K. L. Bowles

Pascal für Mikrocomputer

Übersetzt aus dem Englischen von A. Kleine
1982. 107 Abbildungen. IX, 595 Seiten
DM 49,-. ISBN 3-540-11391-6

Inhaltsübersicht: Einführung. - Der erste Anfang. - Prozeduren und Variable. - Steuerung des Programmflusses, Wiederholung. - Mehr über Prozeduren. - Arbeiten mit Zahlen. - Verarbeitung komplexer Programmstrukturen. - Dateneingabe. - Grunddatenstrukturen - I. Felder. - Grunddatenstrukturen - II. Mengen. - Grunddatenstrukturen - III. Verbunde. - Die GOTO-Anweisung. - Formatierte Ausgabe. - Suchvorgang. - Sortiervorgang - I. Einfache Algorithmen. - Sortiervorgang - II. Schnell-Sortierung (QUICKSORT). - Anhang A: Unterschiede zwischen UCSD-PASCAL und Standard-PASCAL. - Anhang B: Glossar der Fachausdrücke. - Anhang C: Eingebaute Prozeduren und Funktionen. - Anhand D: Index. - Anhang E: Syntax-Diagramme.

W. Kilian

Personalinformationssysteme in deutschen Großunternehmen

Ausbaustand und Rechtsprobleme
Unter Mitarbeit von T. Heissner, B. Maschmann-Schulz
1982. XV, 352 Seiten. DM 44,-. ISBN 3-540-11136-0
(Die Erstausgabe erschien in der Reihe „Informatik-Fachberichte, Band 42", 1981)

Inhaltsübersicht: Projektbeschreibung. - Allgemeine Beschreibung existierender Personalinformationssysteme in Großunternehmen. - Theoretisches Konzept zur Bewertung von Personalinformationen. - Informationsflüsse. - Arbeitsmedizinisches System. - Datenprofile. - Betriebsjustiz. - Leiharbeitnehmer. - Beteiligung des Arbeitnehmers an der Verarbeitung von Personaldaten. - Beteiligung des Betriebsrats an der Verarbeitung von Personaldaten. - Betriebsvereinbarungen. - Betrieblicher Datenschutzbeauftragter. - Datensicherung. - Qualitative Änderungen durch Personalinformationssysteme. - Zusammenfassung und Vorschläge. - Summary. - Anhang A: Liste der 220 umsatzstärksten Unternehmen aus den Bereichen Industrie, Handel und Dienstleistungen, die der Untersuchung zugrundegelegt wurde. - Anhang B: Betriebsvereinbarungen, Musterbetriebsvereinbarungen, Tarifverträge und Gewerkschaftsbeschlüsse. - Literaturverzeichnis.

Springer-Verlag
Berlin
Heidelberg
New York
Tokyo